U0940282

中国农业科学院农业经济与政策顾问团专家论文集

顾问团秘书处

中国农业出版社
北　京

编 委 会

前言

2018年，是全面贯彻中共十九大精神的开局之年，也是深入学习贯彻习近平总书记贺信精神的一年。中国农业科学院准确把握“三个面向”方针、农业农村形势变化、脱贫攻坚、乡村振兴，以及应对复杂国际环境等对农业科技提出的新要求，积极进取，勇于创新，农业科技创新取得显著成效，发挥了“三农”工作科技战略力量的作用，做出了中国农业科学院应有的贡献。当前，我国正积极推进实施乡村振兴战略，加快推进农业农村现代化，中国农业科学院要在服务现代农业建设主战场，在服务保障乡村振兴、脱贫攻坚、粮食安全、农民收入、农村人居环境整治等重大“三农”硬任务落实上，继续发挥重要作用。

中国农业科学院农业经济与政策顾问团作为中国农业科学院宏观战略研究的重要组织，在国务院领导的关心和支持下，各位顾问专家紧紧围绕党中央、国务院关心，农业农村现代化迫切需要解决的重大理论和现实问题，广泛调研、深入研究，积极建言献策，发挥决策参谋职能，较好地发挥了科学研究咨询支撑科学决策的作用。2018年，顾问团又取得了一批新成果、新成绩。在专家咨询建议报告中，7份得到领导批示，还编辑出版了《2017中国农业科学院农业经济与政策顾问团专家论文集》，较好地发挥了高端智库的决策咨询作用。

为方便查找和使用，现收集整理2018年领导批示的政策建议、顾问团专家论文、《判断与思考》简报专家文章等，汇编成集并编辑出版。论文集分3个部分：第一部分收录了顾问团得到党中央、国务院领导及有关部委领导批示的政策建议8篇；第二部分收录了顾问团专家论文6篇；第三部分收录了《判断与思考》简报专家文章3篇，在此一并呈献给大家，供交流参考。

祝各位顾问专家在新的一年里，身体健康、家庭幸福、工作顺利、多出成果！

中国农业科学院院长
中国工程院院士

2019年3月

目 录

二、顾问团专家论文

三、《判断与思考》简报专家文章

附录

一、领导批示的政策建议

中国农业科学院农业经济与政策顾问团向胡春华副总理的工作汇报

胡春华副总理：

“中国农业科学院农业经济与政策顾问团”（以下简称“顾问团”）是在家宝总理、良玉副总理的关心支持下，于 2005 年 12 月成立的。顾问团成立以来，紧紧围绕党中央、国务院关心，地方政府迫切需要解决的重大问题进行深入调研，积极建言献策。顾问团得到习近平、温家宝、李克强、回良玉、刘延东、汪洋等党和国家领导同志的高度重视和多次批示，发挥了决策咨询的智库作用。目前，顾问团共有成员 14 位，顾问团团长由万宝瑞同志担任，秘书处设在中国农业科学院。顾问团组成的人员既有长期从事农业研究的资深专家，也有中央有关部门和地方主管农业的领导，不少同志在中共中央政治局讲过课，有些还是党中央、国务院制定“三农”政策的参与者。

顾问团的工作方式采取分散与集中相结合。以分散为主，围绕“三农”重大问题，组织专家深入基层实地调研，对一些重大的、热点的问题组织顾问团成员集中研讨。十几年来，顾问团主要做了如下三方面工作：

一是承担国务院领导交办的调研任务。如 2009 年受国务院领导的委托，顾问团参与了《国务院关于推进重庆市统筹城乡改革和发展的若干意见》（国发〔2009〕3 号）制定和落实情况调研；2010 年受良玉副总理的委托，顾问团承担了“粮食连续增产因素定量分析”“农产品价格与通胀的关系”的调研；2013 年由李家洋院长和万宝瑞同志带领考察组先后赴陕西和甘肃两省 8 个市（县），对旱作农业进行专题调研，上报的《旱作农业是我国粮食增产的重要途径》调研报告得到李克强总理和汪洋副总理的批示。

二是成功举办4届“中国农村经济论坛”。2009—2012年顾问团连续举办4届“中国农村经济论坛”，每届论坛的规格都很高，影响也很广泛并取得了丰硕成果，出版《中国农村经济论坛文集》4部。论坛的成果及建议均报告国务院，每次都得到家宝总理、克强总理及良玉副总理的重要批示。

三是通过顾问团编辑的内刊《判断与思考》简报及时反映顾问团的研究成果，向党中央、国务院提出政策建议。《判断与思考》简报创刊于2008年1月，到目前为止共出版简报77期，有44篇报告得到习近平、温家宝、李克强、回良玉、刘延东、汪洋等中央领导的批示。

2015年5月15日，汪洋副总理亲自主持召开了顾问团成立十周年专家座谈会，农业部部长韩长赋及中央农村工作领导小组办公室、国务院发展研究中心农村部、农业部农村经济研究中心、中国社会科学院农村发展研究所、中国农业大学等有关单位参加了座谈会。汪洋副总理最后作了重要讲话，对顾问团的工作给予了充分肯定，并对顾问团提出了4个大的研究题目：一要研究新时期农业农村在经济社会发展中的历史定位；二要研究新时期农业农村发展的总体思路；三要研究新时期农业农村发展的主要任务；四要研究新时期农业农村发展的重大措施，包括投入政策、价格政策、新型农业经营主体政策、农村产业政策等。汪洋副总理的重要讲话，为顾问团今后的工作指明了方向。根据汪洋副总理要求，顾问团组织专家认真学习、深刻领会，及时研究部署实施方案，先后形成《农业贸易开放面临的挑战与对策建议》《发展土地股份合作与三产融合是保障粮食安全和粮农增收的有效途径》等一系列研究成果，都得到了汪洋副总理的批示。还有一些研究任务，我们正在组织专家开展研究。

顾问团之所以能取得一些成绩，主要是国务院领导给予的关心支持和指导。顾问团的成员中既有熟悉中央政策的国务院部委领导，又有实践经验丰富的地方领导，还有兼具农业技术与农业经济的专家型领导，所提建议一般是符合中央决策要求的，也具有可操作性。今后，顾问团将一如既往地为新一届国务院领导班子服务，为农业和农村工作献言献策，盼望您继续关心和支持顾问团工作，如需顾问团承担任务，请指示。

中国工程院院士
中国农业科学院院长

国家食物与营养咨询委员会名誉主任
农科院农业经济与政策顾问团团长　万宝瑞

附件：中国农业科学院农业经济与政策顾问团成员

2018年5月14日

附件

中国农业科学院农业经济与政策顾问团成员

万宝瑞　国家食物与营养咨询委员会名誉主任、顾问团团长
翟虎渠　中国农业科学院原院长、顾问团副团长
尹成杰　中国农业经济学会会长
刘志澄　中国农业经济学会名誉会长
陈晓华　原农业部副部长
黄守宏　国务院研究室主任
马正其　国家市场监督管理总局党组成员、副局长
薛　亮　原中国农业科学院党组书记
郭庚茂　全国政协常委、原河南省委书记
江泽林　吉林省政协主席
钱克明　全国政协常委、商务部副部长
杨庆才　原吉林省副省长
袁以星　上海郊区经济促进会会长
马晓河　原国家发改委宏观经济研究院副院长

农业企业与农民合作社联盟是实现小农户与现代农业衔接的有效途径

郭斐然　孔凡丕

当前我国农业发展的主要矛盾由总量不足转变为结构性矛盾，存在粮食生产成本高、效益低、国际竞争力弱、农民增收慢等问题。我们对河北省南和县金沙河农作物种植专业合作社与金沙河面业集团开展股权联盟的经营模式进行了调研。企业与合作社建立股权联盟，实行三产融合，对提升农业比较效益、对接小农户与大市场、处理农业生产与环境资源的关系、协调农户承包权与农民经营权的关系、实现规模化经营等，都发挥了重要作用，为探索小农户与现代农业衔接蹚出了一条新路。

一、龙头企业与合作社概况

1. 河北金沙河面业集团　河北金沙河面业集团（简称金沙河集团）位于河北省邢台市，是在20世纪80年代村办企业的基础上发展起来的粮食加工、食品制造集团公司。业务涉及粮食生产、收储、加工、制造、物流和市场各环节，年产值75亿元，是农业产业化国家龙头企业。集团日加工小麦1.1万吨、玉米300吨，日制造挂面2 800吨，粮食仓储能力达到80万吨，居全国小麦粉加工前五位，挂面加工企业第一位。目前，金沙河集团日产45吨挂面自动化生产线代表了行业的世界领先水平。遍布全国的合作经销公司（客户）2 000余家，直接带动10万余人就业。

2015年，中央领导曾对国家食物与营养咨询委员会呈报的河北金沙河面业集团调研报告作了重要批示，肯定了该企业的一二三产业融合发展是个方向。

2. 金沙河农作物种植专业合作社 金沙河农作物种植专业合作社（简称“合作社”）成立于2012年。目前，种植流转土地3万余亩*，分布在河北省南和县闫里乡、史召乡、三召乡、贾宋镇、郝桥镇，以及沙河市善下村等地，共设7个生产基地。

合作社被河北省农业厅、河北省委省政府农村工作办公室授牌为“河北省新型职业农民培育实训教学基地”，为合作社培养从事经营和管理的职业农民。现已培训新型职业农民150余名。

二、企业与合作社建立股权联盟的经营模式

合作社根据农民专业合作社法，制定本社章程，按照股份制经营的基本原则，充分体现农户、职业农民、合作社以及企业的权利和义务。通过提高管理水平和种植技术，减少了投入、降低了生产成本，大大提升了粮食产量和质量，增加了种粮收益。通过联盟，保证了合作社资金、技术投入，并为旱涝灾害等农业经营风险提供保障。合作社通过直接与加工企业对接，粮食种植结构更加符合粮食加工的需要，减少粮食收购中间环节，大大提升了种粮附加值。具体做法如下：

1. 企业以资金、技术、经营管理入股合作社，负责土地经营管理 合作社是由金沙河集团倡导建立的，建社初期，理事长由企业派任。企业负责投入地租资金、生产资料、田间管理、收获运储、技术服务等，以上费用计入投入成本。并且为合作社提供资金、贷款、购销合同等担保，以市场价优先收购合作社的产品。企业拥有合作社1/3股份，参与年终分红。

---

* 亩为非法定计量单位，1亩≈667米^2。

2. 农户以土地面积折股入社，采用“保底＋二次分红”模式 合作社以地租形式为农户承诺每亩土地保底收入，目前每年地租以每亩250千克小麦＋250千克玉米（或折合成人民币）支付给农户。村集体参与农田基本设施建设与管理，包括参与土地规划、路渠整治、水电建设和纠纷处理等，合作社每年交村集体每亩土地50元。农户入社土地共折合成1/3股份，农户按照入社土地面积参与年终二次分红。

3. 合作社招聘遴选培训职业农民，较好地解决了谁来种地问题 合作社公开面向社会招聘职业农民（包括土地入股的农民），受聘农民经过合作社6～12个月的带薪培训实习，经考核合格后，成为合作社成员及股东，领取工资并参与分红。职业农民工资基数是依据当地近年实际用工成本核算得来的，目前标准是每亩每年260元。职业农民的全部劳务投入折合成1/3股份，并以管理土地面积占总面积的比例，参与年底二次分红。

合作社、农户、职业农民以合同规范各自的权利和义务。建社初期，农户保底的地租收入，职业农民基本工资，以及经营风险主要由企业承担。年终依据每亩土地的净收入（总收入减去总支出），由企业、农户、职业农民三方按1∶1∶1的比例分红。

三、股权联盟经营模式的经济效益分析

以合作社为平台，企业与职业农民和农户进行股份合作，带动了农民增收、产业增效、企业获得稳定优质原料，实现了三产融合发展，取得了良好的经济与社会效益。

1. 农户变股民，资产变资本 入社农民不仅有保底收入，还参与利润分红。同时，有的被聘任为职业农民，相当多的农民从土地中解放出来，外出打工，可获得一定的经济收入。2017年，对南和县贾宋镇小林村入户调查表明：全村231户，土地1 529.3亩，流转到合作社的土地为958.7亩，占全村土地面积的62.7%。全村

624 个劳动力，其中 86.1%从事专业养殖、在外务工或从事第三产业。户均年收入达到 7.74 万元，比土地流转前增加了 2.31 万元。另外，村集体年收入近 5 万元。

2. 职业农民成为体面职业、农业成为有奔头产业 职业农民通过合作社组织的 6～12 个月的培训和农田管理实践，在合作社聘请的农业专家指导下，掌握了现代农业技术，成为种田能手。一名管理 300 亩土地的职业农民年收入（第一次收入）可达到 7.80 万元，远超当地城镇居民可支配收入。在获得基本劳务收入的同时，职业农民还参与二次分配。另外，他们还能得到专家的技术指导，不仅提高了技术水平，还有一种劳动尊严感、社会归属感和集体荣誉感。

3. 合作社通过科学管理实现了粮食生产节本增效 合作社通过科学管理、规划和土地运营流转，降低了生产成本，生产符合企业和市场需求的优质产品（表 1、表 2）。具体表现：第一，通过土地规划和整理，合理设置道路，减少沟渠，提高了土地的利用效率和机械作业水平；第二，通过统一采购农业生产资料，统一收购、储运和交易，减少中间环节，降低了生产成本；第三，通过合理施肥，秸秆还田，实施用地与养地相结合，有效地保护了耕地的可持续生产能力；第四，极大地改善了田园和农村的景观和卫生状况；第五，用工业管理理念管理农业生产，极大地提升了农业的现代化水平和可持续发展潜力。

表 1 合作社与普通农户种植效益对比

序号	项目	用　途	对比	效　益
1	农机	耕地、浇地除草治虫、收割	下降	100 元/（亩·年）
2	农资	种子、化肥农药	下降	50 元/（亩·年）
3	水电	农田灌溉	下降	20 元/（亩·年）
4	产能	玉米、小麦	上升	300 元/（亩·年）
5	品质	优良品种	上升	100 元/（亩·年）

表 2　合作社管理土地后节本增效计算

序号	项　目	对　比	效　果
1	土地利用率	增加	2%
2	化肥使用	增加有机肥、减少化肥	20%
3	节约用水	减少	20%～30%
4	节约用电	减少	20%
5	农户年增收	增加	12 109 元/户
6	公共服务费		50 元/亩

4. 企业获得优质原料，取得良好市场效益　金沙河集团通过联盟经营模式，获得了优质的小麦加工原料和稳定的劳动力，以市场价格直接收购合作社的优质产品，可以最大限度地减少中间收储转运环节，保障企业的原料和产品质量，获得更大的市场空间和效益。

四、联盟的重要意义

农业的出路除了靠政策外，还要靠科技、规模和市场。龙头企业与合作社建立股权联盟实行一二三产融合，发挥了股份制与合作经济的双重优势，提升了科技含量，保护了农户、职业农民、企业各方利益，为实现农业增产增效发挥了重要作用。

1. 是实现现代农业的有效途径　合作社通过聘请农业专家，引入了大量先进技术和先进管理经验；通过聘任和培养职业农民，采用先进设备，实行规模化、机械化、专业化和标准化生产，提高了劳动生产率，增加了职业农民收入；通过采用良种良法配套，提高了玉米和小麦的产量和质量；通过集中管理和作业，节省了耕地，减少了浇地、除草治虫、收割等费用；通过合作社集中购买农业投入品、统一销售农产品，减少了中间环节，增加了收益；通过节水灌溉、科学施肥打药，有效地遏制了土壤肥力下降趋势，有助于保护环境、恢复生态。

2. 是调动各方积极性，实现适度规模经营的重大举措 适度规模经营是发展现代农业的重要前提，在我国中部和东北平原地区，表现更为突出。合作社通过农户土地流转，实现了适度规模经营，提高了农业机械化水平和农业装备水平。同时，通过现代企业管理方法，实现了农业专业化、标准化和品牌化，降低了生产成本，提升了产品质量。由于联盟以合作社为利益纽带，将农户、职业农民、企业的利益紧密地连在一起，调动了各个经营主体的积极性。该合作社的章程是按照《中华人民共和国农民专业合作社法》制定的，实行一人一票制和按股分红。实现了民主管理、民主决策，保障了社员的权益。

3. 是实现农民增产增收的重要抓手 小农户与大市场的矛盾是发展现代农业的一个根本性问题。粮食市场农户面对主体是粮食加工企业，只有产品与企业的需求相一致，才能解决生产结构性问题。合作社是对接小农户与大市场、实现一二三产融合的重要平台。通过联盟可以显著提升农业的比较效益。调研表明，小麦亩均产值 1 200 元，通过加工成面条和面片，可以分别增值 170%和 234.5%，农业产业链的效益很高。“联盟”实现一二三产融合，使企业将二产、三产实现的产品增值的部分转移给第一产业，第一产业为企业提供稳定、优质的原料，实现“联盟”各经营主体共赢。

五、两点建议

为进一步探索和完善企业与合作社股权联盟的经营模式，提出以下建议：

1. 对合作社在仓储建设、存储粮食等方面给予支持 合作社实行适度规模经营，粮食产量数量大、收获时间紧，要求及时晾晒、干燥和入仓。建议将合作社的仓储建设、储粮管理纳入国家粮

食仓储管理体系，享受国家仓储建设和储藏有关政策。同时，对规模化经营合作社的政策应加大补贴力度。

2. 对股权联盟模式进行总结和试点 实践证明，合作社与龙头企业实行股份制联盟，是小农户与现代农业衔接的有效途径，建议有关部门对金沙河企业与合作社股权联盟的模式进行深入调研和总结，并在有条件地区进行试点。

稻谷托市价格下调需重视新变化和新问题

陈萌山　钟　钰　普莫喆

南方早稻收获、晚稻插秧之季，为了深入了解稻谷最低收购价下调对粮食生产带来的影响，以及稻谷轮库、去库存等问题，2018年7月16～20日，中国农业科学院“中国粮食发展研究”课题组赴湘赣两省四县（市）实地调研。考察了11家稻谷加工企业、水稻合作社、种粮大户和中储粮直属库（分库）等，同时，与县（市）领导、农业、粮食（商务）、财政等部门负责同志和企业负责人、合作社领办人、种粮大户等近百人先后共召开5次座谈会，广泛听取意见。

一、当前水稻生产经营情况

2018年，水稻最低收购价政策有了较大调整，水稻价格下调多于小麦（0.03元），粳稻下调价格（0.2元）高于籼稻（0.1元）。总体上看，2018年的水稻生产经营形势有喜有忧、喜大于忧，突出表现在以下几个方面：

1. 水稻生产有减有增　“减”主要体现在品质口感较差的早稻面积调减，根据当地农业和粮食部门统计，与2017年相比，湘阴县减少1万亩（－0.8%），醴陵市减少2.82万亩（－5.6%），高安市减少2.8万亩（－4.5%），南昌县减少5.29万亩（－6.2%）。“增”体现在稻谷亩产增加，与2017年相比，高安市增加1.5千克（＋0.3%）；南昌县增加3千克（＋0.7%）。总体上看，种植面积减幅高于单产增幅，稻谷总产减少态势基本确定。这一情况与下调

国家稻谷最低收购价、改变粮食直补方式、推行休耕轮作模式等密切相关。但结构小幅优化，与国家调减稻谷产量、促进种植结构转型的走向基本相符。

2. 种植模式双季改单季 2018 年，大面积种植一季稻，双季改单季趋势非常明显。高安市一季晚稻面积增加近 2 万亩，达到 8 万亩，增幅在 30%以上。从成本收益角度看，单季稻种植更为便利、投入小，品质优良、市场认可度高。“双改单”会减少区域内粮食总产量，尤其在劳动力不足、农业投入品上涨、农业收入占比下降的背景下，未来几年“双改单”趋势会进一步增强。

3. 技术应用呈轻简化 越来越多的种粮大户倾向直播及抛秧、机插等轻简化技术，工厂化育秧作用日渐消退，集中育秧的优势已经不明显，近年来高安市申报此项目建成的只有 4 家。但采用直播技术，同一品种要推迟 20 天成熟，易受寒、露、风等恶劣天气影响。种粮大户们迫切希望增加技术供给、减少直播稻风险。同时，统防统治和绿色防控也逐渐增多，湘阴县扶持病虫害专业化服务组织 22 个，全年承包代治服务面积 2 000 万亩次，在 20 个村连片实施绿色防控示范 3 万亩，使农药使用量实现负增长，减轻了种粮大户负担。

4. 品种选择从常规转优质 普通农户种植品种大多以常规稻为主，种粮大户发展优质稻和再生稻。湘阴县优质稻种植面积达 96 万亩，占全县水稻面积的 73.8%。其中高档优质稻标准化生产基地 20 万亩，全部由加工企业订单生产。高安市优质稻规模也在增加，通过订单形式稳定了产销关系，当地的顺发粮油公司 2017 年优质稻合作种植面积为 2 000 亩，2018 年迅速增加到 10 000 亩。过去以常规品种为主的种粮大户和合作社，也表示未来将以优质稻品种为主。

5. 大户多元经营三产联营 种粮大户和合作社普遍反映，只有搞多元经营或三产联营才能生存，从其他经营项目“反哺”水稻种植，大致有 3 种路径。一是开展稻-虾、稻-鱼、稻-鸭、稻-蛙等种养模式，以稻-虾为例，一亩中晚稻 450 千克、小龙虾 150 千克，净收入达 3 500 元；二是发展经济作物，有的采取“一季稻＋经济作物”模式，如“稻-油菜”“稻-烟”等；有的在部分田块中改种薯类、中药材等特色作物；三是依托自身资源发展二产和三产，为周边农户提供烘干等社会化服务，每吨稻谷烘干费 120 元（成本 60 元）。

6. 加工企业分化明显 据当地粮食相关人士介绍，目前的稻谷加工企业有 1/3 开工、1/3 倒闭、1/3“半死不活”。除常年“稻强米弱”影响企业经营之外，经营内容和模式差异也让企业两极分化。主营早稻业务的企业基本处于亏损状态，主营优质稻业务的企业基本不受影响，产品销路较好，产量和销量持续上涨。企业对托市价格降低的反应也有差别：部分企业希望托市价格维持上涨，以此稳定市场看涨预期；部分企业则表示欢迎 2018 年的稻谷最低收购价政策，体现优质优价，降低企业培育优质粮源的成本。

二、稻谷生产收储中的几大问题

1. 生产成本过快上涨吞噬稻农收益 在调研中，大户提供了 2018 年生产投入数据，反映 2018 年农资、人工等要素成本上涨幅度大，如复合肥、尿素费用 150 元/亩，比 2017 年增加 25 元/亩；种子费用 50 元/亩，比 2017 年增加 10 元/亩；农药费用 50 元/亩，比 2017 年增加 6 元/亩。雇工费用为 210 元/天，另加 2 顿饭、1 包烟、1 小瓶烧酒，合计下来超过 250 元/天（双抢期间可高达 300 元/天），比去年增加 30 元/天。最终早稻总成本达到 800 元/亩（含早稻每亩 200 元土地流转费用），比上年增加 150～200 元/亩。而早稻市场价格降低 0.2 元/千克，2018 年江西湿稻 1.6 元/千克，湖南为 1.4～1.5 元/千克，亩产最多 500 千克，每亩卖粮最多收入 800 元，基本没有盈利。用种粮大户的话说，国家 GDP 每年增长 7%，而我们种稻收入减少 7%。成本上涨、粮价下跌，种

粮农民见面打招呼的话也变为“明年你还种不种粮了?”不少稻农表示困惑,“七斤沙子一斤谷”,种粮究竟还能否体现出他们的劳动价值。

2. 镉大米负面影响发酵放大 在湖南我们切身感受到镉大米事件带来的严重影响。湖南产的稻谷不论是否镉超标,比邻近省份低了 0.24 元/千克。一个加工企业的大米,被贵阳市质检部门检测镉超标,罚款 12 万元。导致湖南大米外销规模逐年递减,越来越多沉积在省内。一位农业技术人员反映,我们这祖祖辈辈吃着自己产的米,现在被认定为镉大米,有些反应过激。他们一方面希望科学论证镉元素安全含量的临界点,醴陵市打算通过申报长寿之乡来扭转外界对镉大米的固化印象;另一方面希望能培育出对镉敏感度低、吸附不强的新品种,以及研发出简便适宜、价格适中的镉元素检测设备。2018 年最低收购价政策强调了稻谷品质的要求,中储粮株洲直属库实行先检后收,激化了镉大米的敏感性。

3. 农业补贴精准性、指向性偏离 国家政策强调补贴一定要补给实际生产者,但对于种粮大户而言,土地是流转而来的,即使补贴强度再增大,土地流转价格与补贴强度相互挂钩、此消彼长,“补贴就像泡沫,一碰就破”。实际耕种的人得不到补贴,等于是普惠“地主”,他们希望能把资金补贴转换为物化补贴,或者按照技术新模式给予补贴。一种粮大户介绍,农业补贴导致农业成为机会农业。一个外来承包者受补贴吸引来租地,欠了当地农户共计 80 万元土地流转费用后“跑路”了,打乱了当地正常的土地流转与农业经营。

4. 稻谷加工企业优质粮源不足 之前的托市收购政策,更多的是从数量方面促进粮食生产,粮食部门称“托劣不托优”。尽管优质稻播种面积上有一定增长,但总产量占比仍较低,稻谷加工企业普遍反映,优质粮源供应偏紧,上半年平均开工率只有 60%。这些做品牌大米的加工企业,迫切希望能大力发展优质稻,以满足企业常年需求。从醴陵市农业部门获悉,全市水稻品种纷杂,削弱了稻谷纯度和专用性，1 万亩水稻存在近 20 个品种，影响了加工企业的粮源保障。除了加工企业，中储粮直属库也希望收购优质稻，这样能缩小进出库价差。

5. "运动式"去库存冲击粮价 2017 年以来，国家对 2013 和 2014 年收购的政策性稻谷集中出库，在终端增加了大米供给量，加剧稻谷价下跌 0.2～0.4 元/千克。加工企业把这种稻谷集中去库存，称之为"运动式"去库存，他们迫切希望国家能把握好去库存的时机与节奏。加工企业不敢过多存粮，怕去库存影响粮价带来亏损。据中储粮直属库负责人讲，目前国储轮换机制不太灵活，储备粮空仓期只有 4 个月，这样就把储备粮轮换可能出现价格差异的期限限定在 4 个月之内，考虑到成本和利润稳定性，每年 1 月是售粮的好时机，但 5 月新粮尚未接上，即使粮价较好的时候，陈粮也不敢轮换出库，限制了存粮轮换周转的收益。

6. 加工企业动态储备功能发挥受限 为了利用粮食加工企业仓储设施，我国采取动态储备模式，把加工企业周转库存作为地方粮食储备库存，由企业根据市场价格变化情况自主轮换销售，政府不再承担亏损补贴。这样既保障了地方粮食储备安全，又有效减少了原粮轮换时产生的价差亏损。但南昌县粮食部门讲，近年曾曝出一些代收代储企业骗取保管补贴、存粮虚假或变质，粮食主管部门现在对加工企业实行动态储备比较谨慎。实行粮食动态储备不仅减轻财政负担、保证加工企业粮源，更有利于种粮农民卖粮，实际上等于增加了粮食收储点。在湘阴县，因定点收储库点不足，导致粮农卖粮不便，只能低价卖给经纪人，直接减少了种粮收入。

三、下一步研究工作重点

根据这次调查反映的问题，下一步我们将着力加强以下几个问题的研究：

1. 深化最低收购价政策研究 种粮大户普遍反映，稻谷最低

收购价政策效果明显，充分发挥了兜底托市作用，贸然取消该政策会打击种粮农民的积极性。为发挥市场机制作用，可将最低收购价格调整到略高于稻谷生产成本水平，但要加大生产者收入补贴额度。下一步，我们将开展口粮最低收购价、生产者补贴和土地流转“三位一体”的研究，构建口粮政策支持框架体系，切断生产者补贴和耕地流转价格之间此消彼长的联动关系，让实际生产者真正从补贴中受益。

2. “松绑”粮食收购多主体经营 按照“最低收购价＋生产者补贴”的方式，中储粮系统只承担国家战略性储备，不再执行托市收购（除非稻谷价低于生产成本），而是通过激发粮食收购市场主体活力，让经纪人、加工企业等搞活粮食收购市场。以村集体或合作社为单位，开展多样化的产销合作模式。积极引进粮食加工企业，使农民根据合同组织生产，实现以需定产、以销定购。借助互联网信息平台，采取“线上＋线下”的方式，拓展粮食销售辐射范围。

3. 加快粮食轻简化技术推广 中国农业科学院要将粮食轻简化技术创新作为重点，在创新工程中进行系统布局。同时，大力示范推广“水稻＋X（鸭、鱼、虾、蟹、马铃薯、西瓜、番茄、大蒜）高效养（种）共（轮）作模式”和绿色高效生产方式，重点加强新品种引进示范、水稻机械轻简化栽培技术、农作物病虫草害绿色防控技术、对重金属吸附弱的新品种等高产高效技术的集成攻关，在良种良法相配套、农机农艺相融合等关键环节上取得重大突破，确保“藏粮于技”战略落到实处。

我国农村改革的光辉历程与基本经验

万宝瑞

一、我国农村改革的光辉历程与伟大成就

中共十一届三中全会以来，我国农村改革走过了光辉历程。农村改革发端于1978年末安徽省凤阳县小岗村的“大包干”，后来农村家庭联产承包责任制扩展至全国所有省份。1982年，第一个关于“三农”工作的中央1号文件《全国农村工作会议纪要》正式出台，明确指出“目前实行的各种责任制，包括小段包工定额计酬，专业承包联产计酬，联产到劳，包产到户、到组，包干到户、到组，等等，都是社会主义集体经济的生产责任制。”建立以家庭联产承包责任制为主要形式的农业生产方式，开启了公有制为主体、多种所有制经济共同发展的新格局。

1992年，邓小平同志发表南方谈话。同年底，中共十四大明确了建立和完善社会主义市场经济体制的改革方向，农村改革的重点开始转向建立社会主义市场经济体制。在这一阶段，初步建立起农产品市场体系，乡镇企业得到大发展，进一步稳定了农村基本经营制度；我国农业综合生产能力全面提高，农产品供给实现了由短缺向供求基本平衡、丰年有余的历史性转变，为我国农业和农村经济发展步入新阶段奠定了坚实基础。

1999年以后，农村改革向纵深推进，农业政策以保护农业生产、促进农业发展、支持农民增收、减轻农民负担为主要特征。比如，2000年开始实行农村税费改革；2004年，中央关于“三农”工作的1号文件要求稳定、完善和强化各项支农政策，力争实现农

民收入较快增长；2006 年，在全国范围全面取消农业税。中共十七大报告提出“统筹城乡发展，推进社会主义新农村建设”的总体思路，中共十七届三中全会出台《中共中央关于推进农村改革发展若干重大问题的决定》。这些改革举措推动农业产业结构进一步优化，农村社会保持稳定，农民收入大幅增长，农产品供给日益充足，为全面建成小康社会奠定了坚实基础。

“时代是思想之母，实践是理论之源。”中共十八大以来，以习近平同志为核心的党中央始终把解决好“三农”问题作为全党工作的重中之重，连年出台中央 1 号文件，重点聚焦发展现代农业和深化农村改革，制定出台一系列重大举措。习近平同志就全面深化农村改革、实施精准扶贫方略、实施乡村振兴战略等重大问题，提出一系列论述，在实践中彰显巨大思想威力。2018 年中央 1 号文件落实中共十九大精神，对实施乡村振兴战略的目标、任务等作出全面部署。在中共十八大以来一系列农村改革措施推动下，诸多“三农”问题得到有效破解，开创了农业生产连年丰收、农民生活显著改善、农村社会和谐稳定的新局面，为全面推进农业农村现代化奠定了坚实基础。

二、我国农村改革的基本经验

40 年来，我国农村改革取得伟大成就，积累了丰富经验。

1. 坚持党的领导是农村改革成功的根本保证 在农村改革中，我们党把马克思主义基本原理同中国农村具体实际结合起来，把调动亿万农民积极性、发展农村生产力作为改革的出发点和落脚点，农村改革在党的坚强领导下快速推进。1990 年，邓小平同志提出关于“两个飞跃”的理论，指明了我国社会主义农业改革与发展的总体趋势。1992 年，邓小平同志发表南方谈话，为建立农村市场经济运行机制和管理体制指明了方向。中共十八大以来，在习近平新时代中国特色社会主义思想指引下，农村改革在理论、实践和制度等方面都有了重大创新和突破，为实现农业农村现代化指明了方向。在党的领导下，在我们党提出的一系列新理念、新思想、新战略的指导下，我国农村改革取得显著成绩。

2. 处理好农业与其他产业的关系 改革开放以来，从农村支持城市到“以工促农、以城带乡”，再到城乡融合发展，中央政策发挥了在不同产业部门之间优化资源配置的重要导向作用。在城乡融合发展的新阶段，农业是具有显著公共品性质的特殊行业，现代农业不仅能提供农产品，还能提供生态环境产品。因此，中央制定农业政策不仅针对农业产业部门，还充分考虑农业具有多功能性的特点，既发挥市场在农业资源配置中的决定性作用，又发挥政策的导向作用。

3. 尊重农民主体地位 40 年来，我国农村改革的许多举措都是由农民创造的。例如，农村家庭联产承包责任制的发明权是农民的；乡镇企业也是农民创造的；土地股份合作制、适度规模经营、农村承包地“三权分置”以及外向型农业和生态农业等，也离不开农民在实践中的探索创造。因此，推进农村改革，要把尊重农民首创精神、调动农民积极性、发展农业生产力作为出发点和落脚点。

4. 因地制宜推进农村改革 中央的“三农”政策和改革举措主要是根据全国各地的总体情况制定的，因而侧重于宏观指导。让“三农”政策和改革举措落地生根，离不开各地的创造性实践，由于我国地域广阔，自然、经济、社会、文化差异较大。因此，必须坚持群众路线，一切从实际出发，因地制宜，分类指导，把中央文件精神和本地具体实际结合起来，制订可操作的细则，这样才能落实好中央的“三农”政策和改革精神。

5. 农村改革要坚持“试点-完善-推广” 农村改革 40 年的经验表明，改革方案只有得到大多数农民的拥护，才能转化为现实生产力。农村改革方案常常通过“试点-完善-推广”来实施。制定“三农”政策应建立在充分调研和试点基础上。要通过试点判断改革方案的利弊和可行性，进而对方案进行修订和完善。尤其是一些

根本性制度牵一发而动全身，更要在试点基础上不断加以完善。

三、新时代全面深化农村改革必须实施好乡村振兴战略

改革开放以来，在我国农村改革取得一系列重大成就的基础上，以习近平同志为核心的党中央着眼党和国家事业发展全局、顺应亿万农民对美好生活的向往，提出实施乡村振兴战略。这是在新时代全面深化农村改革的总抓手，是决胜全面建成小康社会、全面建设社会主义现代化国家的重大历史任务。实施乡村振兴战略，应重点抓好以下几个方面：

1. 搞好乡村振兴规划 乡村振兴涉及经济、社会、文化等方方面面，如果没有系统规划，农业现代化发展、乡村生态环境治理、乡村文化繁荣、乡村事务管理、农业农村基础设施建设等工作就不可能统筹推进，就会导致发展不协调、事倍功半。2018 年全国"两会"期间，习近平同志在参加山东代表团审议时强调，要推动乡村产业振兴、人才振兴、文化振兴、生态振兴、组织振兴；要推动乡村振兴健康有序进行，规划先行、精准施策、分类推进。为此，必须制定好乡村振兴战略规划，指导各地各部门有序推进工作。

2. 注重三方面创新 为实现"产业兴旺、生态宜居、乡风文明、治理有效、生活富裕"的总要求，必须注重三方面创新，即技术创新、理论创新和制度创新。其中，技术创新是基础，实现产业兴旺、做大做强农业需要发挥科技支撑作用；理论创新是指引，要以习近平同志关于"三农"工作的系列重要讲话精神为行动指南，不断推动实践基础上的理论创新；制度创新是保障，通过不断完善制度，为城乡融合发展、逐步实现共同富裕提供保障。

3. 推动农业发展方式转变 乡村振兴，产业兴旺是重点。必须坚持质量兴农、绿色兴农，推动农业发展方式转变，提高农业竞争力。首先，要夯实农业生产能力基础，确保国家粮食安全。着力

构建农村一二三产业融合发展体系，通过多种形式让农民合理分享全产业链增值收益。其次，通过发展社会化服务组织，使小农户和现代农业发展有机衔接，重点扶持小农户发展生态农业、设施农业、体验农业，提高产品档次和附加值，拓展增收空间。

4. 推进农村人居环境整治 为农民建设幸福家园和美丽乡村是乡村振兴战略的重要内容。要从农业污染源头治理抓起，控制农业投入品污染，加强农村面源污染防治。科学利用自然资源，有效保护生态环境，消除乡村生活陋习，美化乡村生活环境。

5. 培育乡村振兴人才队伍 乡村振兴离不开人才振兴。习近平同志明确提出，“打造一支强大的乡村振兴人才队伍，在乡村形成人才、土地、资金、产业汇聚的良性循环”。乡村振兴，农民是主体。农民思想水平、文化素质和技术能力的高低，直接决定着乡村振兴战略实施的效果，必须培养和造就一支新型农民队伍。乡村振兴，干部队伍是关键。要把懂农业、爱农村、爱农民作为基本要求，加强“三农”工作干部队伍建设。

“三权分置”：农地制度的重大创新

尹成杰

习近平总书记在中央全面深化改革领导小组第五次会议上指出，现阶段深化农村土地制度改革，要更多考虑推进中国农业现代化问题，既要解决好农业问题，也要解决好农民问题。要在坚持农村土地集体所有的前提下，形成所有权、承包权、经营权“三权分置”，经营权流转的格局。这一重大论断，为全面推进土地制度创新和完善农村基本经营制度指明了方向，具有重大意义。

第一，农地“三权分置”是我国农村土地制度的重大创新。

2015 年中央 1 号文件提出，抓紧修改农村土地承包方面的法律，界定农村土地集体所有权、农户承包权、土地经营权的权利关系。第一次“分置”，是“两权分置”，即把农村土地所有权与土地承包经营权进行分置。通过“分”和“统”，坚持集体土地所有制，把集体土地的承包经营权落实到承包户，实现家庭承包经营。第一次“分置”，是在农村集体与农户之间进行的，是农户与集体之间农地产权的重新配置，是农地制度的第一次创新。

现在提出的“三权分置”，是第二次“分置”，即在农村土地集体所有的前提下，农村土地所有权与承包经营权分置的基础上，促使承包权与经营权再分置，实现所有权、承包权、经营权相互分置和并行，赋予集体、承包户、经营者各自对应的权利主体、权能结构、权属关系和保护手段。第二次“分置”，是在承包经营权内部进行的，是承包者与经营者之间农地关系与相关权利义务的重新配置。第二次“分置”，分置的层次更高，分置的边界更清晰，分置的意义更深远，将从更高层次上创新和完善农地制度和农村基本经营制度。

第二，“三权分置”是土地所有权与承包经营权“两权分置”的延伸和提升，是我国基本经营制度的重要完善。

20 世纪 80 年代初，农地所有权与承包经营权分置，是我国农地制度和基本经营制度的第一次重大创新。在这一基础上，承包权与经营权再分离，是我国农地制度和基本经营制度的第二次重大创新。两次创新对我国农业农村发展，对维护农民权益和现代农业建设，都具有划时代的里程碑意义。

一是进一步丰富和完善了中国特色的农地产权设置模式。世界上大多数国家，农地产权主要是一元化或二元化的制度安排。我国农地产权第一次分置，属所有权与承包经营权分离的二元制度安排。第二次分置，即“三权分置”，应是农地所有权、承包权与经营权分置并行，属三元制度安排。既坚持了农地集体所有，又维护了承包权人的法律地位，实现了经营权人的用益物权。这是我国农地产权制度的具有中国特色的重大创新和实践。

二是进一步解放“人”和“地”。“两权分置”将农民从“大帮哄”的统一劳动经营下解放出来，实现了自主决策、自主劳动、自主经营，但人并未完全从土地和农村解放出来，地并未完全从不善经营和不愿经营的承包者手里解放出来。“三权分置”进一步将“人”和“地”解放出来，人可以外出务工，地可以流转规模经营。

三是进一步厘清农地主体和权利边界。“两权分置”所有权与承包经营权的边界是清楚的，但承包权与经营权的边界是混合的。承包权与经营权边界不清，无法厘清和保证承包者和经营者的用益物权，因而也模糊承包者、经营者的主体地位，影响经营权的顺畅流转。通过“三权分置”，可以清晰界定三类主体地位、权利边界和权责利关系。

四是进一步明确和强化经营权的地位。“两权分置”，农村土地承包经营权模糊化设置，导致经营权成为承包权的附属权利，其随意性和不稳定性较大。通过“三权分置”，可以进一步明确和强化

经营权的独立地位，有利于经营者获得长期稳定的经营预期，促进形成土地流转新格局。

五是进一步丰富和完善了农地产权的用益物权和担保物权权能。“两权分置”，由于承包权与经营权没有分开，农地用益物权既较为单一，担保物权也难以实现。通过“三权分置”，可以丰富农地用益物权内容，增加农地财产收益，又有利于农地担保权能的实现。

第三，农村土地“三权分置”顺应我国农村改革发展的新趋势，符合现代农业发展的新需求。

一是实行“三权分置”，是我国农村综合性改革和农业供给侧结构性改革不断深化的需要。中共十八大以来，我国农村综合性改革力度加大，农业供给侧结构性改革不断深化，一些关键领域和环节的改革取得突破性进展。制度性改革是农业供给侧结构性改革的题中应有之义。实行农村土地“三权分置”，有利于优化农地资源配置，创新农业经营方式，促进适度规模经营。从土地承包经营看，实现了从生产经营责任制改革向产权制度改革的转变，实现了从经营自主权向用益物权保障的转变。农地“三权分置”既是农村综合性改革的重要内容，又为农业供给侧结构性改革提出了新任务新要求。

二是实行“三权分置”，是建设中国特色现代农业的需要。现代农业发展对农地制度创新提出了新要求。农业生产经营规模化、专业化、集约化、标准化程度不断提高，对农村土地承包关系稳定、土地资源要素优化配置提出新的要求。随着种粮大户、家庭农场、专业合作社、龙头企业、股份合作经济组织为代表的新型农业经营主体不断成长，新型农业规模经营加快发展，他们对充分而有保障的经营权有着较高期待和要求。通过“三权分置”，可以在稳定所有权的基础上，进一步稳定承包权，活化经营权，实现土地稳定性和流动性的统一。

三是实行“三权分置”，适应农村经济结构和社会组织结构调整变化的需要。随着工业化、城镇化的加快推进，农村大量劳动力转移，农村社会组织结构发生深刻变化。一些地方村委会与部分村民相互分离，集体经济组织与部分集体成员分离，土地发包方与部分承包方分离，有的家庭主要劳动力与老人子女分离。这些新变化给集体经济组织的经营管理和土地发包方、承包方、经营方带来许多新情况新问题，“两权分置”已难以持续稳定地满足需要。在这种情况下，既要坚持土地集体所有，又要稳定承包关系；既要规范农地流转，又要实现财产权利。实行农地“三权分置”有利于较好解决上述问题。

四是实行“三权分置”，适应农民实现土地用益物权的利益期待。在“两权分置”阶段，承包者与经营者实现自己用益物权的手段受到制约。特别是随着城乡一体化加快发展，大量农民离乡离土、离地离农、分工分业，人们迫切要求把承包权与经营权分置并行，为承包权、经营权的单独行使和单独实现提供条件。实行“三权分置”，可以进一步稳定承包关系，解除农民流转土地的后顾之忧，让一部分农民“带着承包权进城”，让一部分农民依靠经营权致富，使承包权人和经营权人都找到自己用益物权明晰便捷有效的实现途径。

第四，“三权分置”有利于催生和促进农村制度完善和创新。

“三权分置”是当前我国农村改革的重大任务。不分置“三权”，农业适度规模经营就难以有效推进，集体产权制度改革就难以到位，农民土地用益物权就难以充分实现。因此，要把“三权分置”作为农村改革的一项重要任务，把“三权分置”与农业农村制度创新有机结合起来。

一是把“三权分置”与深化农村土地制度改革结合起来。在分置“三权”的基础上，坚持所有权、稳定承包权、强化经营权、规范流转权、实现收益权，兼顾国家、集体和农民三者的利益，活化权能，提高效率，释放潜力，建立健全中国特色的农村土地制度。

二是把“三权分置”与完善农村“统分结合”的双层经营体制

结合起来。"分"和"统"是农村双层经营体制的核心。"分"是"统"的基础。在"三权"（所有权、承包权、经营权）上"分"，是高层次的"分"；在"三化"（规模化、集约化、标准化）上"统"，是高层次的"统"。实现"三权分置""三化统筹"是对农村双层经营体制的重要完善。

三是把"三权分置"与深化农村集体产权制度改革结合起来。农村集体经营性资产都有"三权"问题。农地是农村集体资产中规模最大、涉面最广、管理最难的资产。农地"三权分置"制度创新必将带动农村集体经营性资产改革，为建立现代的农村集体资产产权制度提供经验和借鉴。

四是把"三权分置"与建立新型农村经营体系和社会化服务体系结合起来。"分"与"统"的提升，为新型农业经营主体的发育提供了发展机制和资源条件。承包权与经营权分置，将有力催生和发展专业大户、家庭农场、农民合作社、龙头企业、股份合作组织等新型规模经营主体，同时促进农村新型经营体系和社会化服务体系的建立健全。

五是把"三权分置"与创新农村金融制度结合起来。"三权分置"有着巨大的衍生效应和溢出效益，使农民在独立的经营权上获得贷款抵押、担保权能、保险保障。农村金融产品创新、信贷条件、农业保险等制度创新应与"三权分置"协调同步推进。

第五，加快推进农地"三权分置"立法建设，健全相关配套制度措施。

一是提高战略定位。把"三权分置"作为农村改革发展的一项重要任务，同当年家庭承包经营制度创新摆在同等重要地位，以此推进农村制度综合改革。

二是提供法律保障。"三权分置"的提出，迫切要求现行法律修改和创新，适应这一重大变化的需要。我国现行《中华人民共和国物权法》《中华人民共和国土地管理法》《中华人民共和国农村土地承包法》等 6 部法律法规使用的概念都是"土地承包经营权"。

实行“三权分置”要系统地梳理和修改相应法律法规，把“承包经营权”改为“承包地经营权”，实行承包权与经营权分置，并明确具体的法律条文和权利内容，为“三权分置”提供法律保障。

三是加快土地确权。农村土地确权是实现“三权分置”的重要基础。通过土地确权，把土地权利明确到地、明确到户、明确到人。建立涵盖完全的权利、主体与内容的物权登记制度。把确权证书作为相关权利主体享有权利、市场交易、抵押担保、权利保护的有效权威凭证。

四是严格耕地保护。农地“三权分置”是坚持农地集体所有上的承包权与经营权分置，是集体土地所有制的坚持和完善。承包权与经营权分置并行，放活经营权，促进土地流转，要防止农地非粮化、非农化的倾向。要充分发挥集体土地所有权能，强化所有者地位，加强耕地用途管理，坚持农地农用，对违反农地用途管制的要及时纠正或收回土地，严守耕地红线和基本农田底线。

谨防粮食生产不利因素叠加

——基于黑吉两省秋粮生产调研建议

钟　钰　普莫喆　秦　朗　胡向东　张宁宁
姚　升　袁龙江　陈萌山

2018 年 9 月 25 日，习近平总书记在黑龙江农垦考察粮食生产时，意味深长地说："中国粮食！中国饭碗！"再次展示了党中央确保国家粮食安全的坚定决心。为及时了解 2018 年秋粮形势，2018 年 9 月下旬，中国农业科学院"中国粮食发展研究"课题组赴黑吉两省四地［赵光农场、北安市、榆树市和前郭尔罗斯蒙古族自治县（以下简称"前郭县"）］调研，走访了 15 家粮食加工企业、合作社、种粮大户和中储粮直属库，并与县（市、场）领导、农业粮食财政等部门负责同志和企业负责人、合作社领办人、种粮大户等近百人座谈，广泛听取意见，交流看法。总的来看，2018 年，东北粮食生产呈现稳定发展的态势，但出现了不少新情况、新问题，需要引起足够重视。

一、对粮食产业的基本判断

1. 粮食种植结构继续优化　两省充分利用国家政策，重建新的轮作结构，"大豆＋玉米""大豆＋玉米＋春小麦"种植面积扩大。优质粮食面积大幅增加，2018 年北安市高蛋白食用大豆超过 200 万亩，比 2017 年增加 40 万亩；加工型专用玉米比 2017 年增加 45.3 万亩。"水稻＋"模式越来越旺，每亩增加收入 700～1 000 元，其中"水稻＋螃蟹"共生共养，实现绿色发展；"水稻＋蔬菜”“水稻＋饲用油菜”等提高了土地产出率。同时，高粱、芸豆等杂粮种植规模也不断扩大，形成了主粮杂粮交相辉映的局面。

2. 不同品种有增有减但总量低于2017年 结合走访农户反映情况和地方部门分析，从玉米看，黑龙江部分地区受玉米价格回升和深加工快速发展影响，种植面积略有增加，总产接近上年水平。吉林玉米面积略减，由于遭受严重旱灾，产量受到影响，榆树市反映减产20%～30%。从大豆看，黑龙江完成了国家下达的大豆扩种计划，增加700万亩，但受9月10～11日低温霜冻天气影响，预计减产5%左右；吉林省大豆种植面积略有增加，但品质和总产均可能下降。从稻谷看，两省呈现面积稳定、单产略有提高、总产和上年相当的局面。

3. 农业生产要素需求发生转折性变化 “种田要有家把事(儿)”，调查地区的粮食生产实现了从播到收的全程机械化，以无人机为代表的新型农机设备也广泛使用，这是种田农民向我们反映的最高兴、最满意的变化。赵光农场维宝旱田种植合作社梁维宝讲，现在已从“种地”向“管地”转变，“开着汽车上田头”，监督农机作业质量和效率。粮食合作社对劳动力的需求主要是技能性较强的农机手，而非普通劳动力。大量使用农机设备减少了对劳动力的依赖，连片的100公顷玉米全年累计仅需30天工时。土地流转加快，粮食种植资本投入越来越大，种粮人已由过去的家庭积累转为对信贷的高度依赖。

4. 规模性种粮主体呈现专业化、年轻化 种粮主体的代际过渡特征明显，“75后”“80后”成为新一代主力军。北安市致富带头人李富强才35岁，先后获得北安市“种粮生产大户”、黑河市“优秀共产党员”、黑河市“致富能手”和黑龙江省“劳动模范”等荣誉称号。在榆树市和前郭县，我们随机走访的10个种粮大户、合作社领办人中，有7个年龄都是三四十岁。他们乐于接受各种专业技术培训，并拥有自己的技术员、机械员，敢于尝试如“螃蟹养

殖+有机稻种植”等多样化生产方式。更重要的是，这部分人大多具有强烈的乡土情结。如前郭县七家子村华信合作社创办人早年在湖南经营矿产收入颇丰，因情系故土而返乡种粮；广臣合作社领办人也言及“生活不依赖土地，但珍惜这块土地”。“有情怀才更有动力”，他们为本乡本土发展做贡献的愿景迫切，“谁来种地”不再忧虑。

5. 粮食加工企业集聚发展、迸发活力　在20世纪末，由地方政府主导创办的一批粮食加工企业运营不佳，亏损挂账严重。玉米收储改革后，理顺激活了加工企业产业链，许多粮食加工企业落户主产区。我们走访了榆树中粮生化、吉粮天裕，看到其生产经营呈现规模扩大、销售活跃、效益较好的局面。2016年投资的北安象屿金谷60万吨玉米深加工项目，9个月就完成了开工建厂的所有过程，当年投产、次年见效益，并从嘉吉、邦吉等企业引进成熟型人才。

6. 大豆产业呈恢复势头　随着生产者补贴政策力度增强，大豆面积恢复性增长。2018年北安市高蛋白食用大豆面积稳定在200万亩以上，比上年增加40万亩。黑吉两省2018年大豆种植面积预计比上年扩大770万亩。调研了解到，地方部门和种植大户对转基因大豆持包容性态度，他们认为转基因大豆如能降低生产成本、减少田间劳动投入、增加产量，就能提高市场竞争力。赵光农场职工反映，他们现在的大豆单产水平与美国接近，如果种植转基因大豆就有抗衡美国大豆的可能，所以期待放宽对转基因大豆的种植管制。

二、几个需要关注的问题

1. 生产“靠天吃饭”局面难以改变　黑吉两省有效灌溉面积分别占耕地面积的31%和22.4%，粮食生产仍以雨养为主，受自然条件的影响难以改变。已有的农田设施也比较薄弱，吉林反映约

40%的大型灌区节水工程不配套，水资源利用率仅17%；黑龙江水利工程设施功能不足，地表水利用率不足30%。产粮大县普遍无力承担农田基础设施维护费用，更谈不上新建或更新设施。从总体上看，这几年，“藏粮于地、藏粮于技”，使我国粮食综合生产能力有了新的提升，但不能估计过高，重大自然灾害的制约仍不能忽视。2018年吉林遭遇62年一遇的“三旱”（春旱、伏旱和卡脖旱）碰头，外加收获时节的秋雨，按照典型推算，全省玉米减产超过50亿千克。

2. “镰刀弯”东北冷凉区玉米调减空间有限 当地专业技术人员表示，黑龙江第四、第五积温带内已经形成适应当地气候条件的作物体系，玉米种植风险比较低，不种玉米难以找到规模性替代品种，而大豆重茬易导致产量和质量上不去。以赵光农场维宝旱田种植合作社为例，2018年调减后玉米种植面积占35%、大豆种植面积占60%、其余为杂豆。尽管增加了大豆种植，但因为重茬，亩产比正常产量减少约25千克。北安市农业部门表示，大豆亩产达到200千克的前提是有玉米作为前茬，如果未来两年连种大豆，将导致亩产降到100千克，质量和产量问题将使调减玉米的可行性继续下降。在有水源地区，适当恢复春小麦，也有利于合理轮作，黑龙江省春小麦曾经达到1 800万亩。实际上春小麦是东北地区的优势品种，与国内大量进口的加麦同属优质强筋麦，其在东北地区结构调整中的作用还有待充分挖掘。

3. 粮食“去库存”进程快的超出预期 从两省调研情况来看，玉米收储市场化改革后理顺价格传导体系，激发了市场活力，激活了产业链条，显著扩大市场接受容量。国家对进口玉米替代品（高粱等）管制也卓有成效，减少增量来推动库存消耗消化。持续大量去库存，各类市场主体积极响应，尤其是面向南方主销区流通日渐活跃，市场需求旺盛。当地粮食部门表示，近一半的储备库已完全腾空，超出了主管部门主观预想。榆树市约有700万吨库容，预计到2019年8月，将有一半库容腾出。前郭县2013年和2014年的

临储玉米已完成出库，2015 年的成交率达到 50%，预计年底能达到 60%，所有临储库存预计明年出完。粮食部门开始担忧粮库仓容闲置和粮站职工生计着落问题。

4. 粮食产区大米采购规模激增 黑吉两省大米除了大部分销往东南沿海传统主销区以外，云贵川等西南片区的销量也在增加。新市场要粮“饥渴”，据前郭县的绿和源米业公司介绍，西南地区的一个客户月需求量从两三年前的 300 吨增加到现在 600 吨，全年供应量达到 7 000～8 000 吨。据前郭县的巨大米业反映，近年来该公司在西南片区不断与新客户建立合作关系，发货量年均增长 50%。从优质米销售情况来看，前郭县七家子村华信合作社 60% 的优质大米销往云贵川地区，销售绝对量一直在增加，2017 年以来更是供不应求，2018 年元旦前就全部销完。四川本是稻谷主产区，云贵是产销平衡区，这些地区需求的增加，除了与打击边境走私取得成效有关外，很大程度是供求总量变动从市场中发出的信号。

5. 产粮大县贡献大、经济薄弱 主产区财政普遍吃紧，“粮食大县、经济小县、财政穷县”的窘境基本没有缓解。自 2003 年以来，榆树市为国家提供了 450 多亿千克商品粮（年均 30 亿千克），相当于京津沪渝四大直辖市和解放军等 1 亿人口 3 年的口粮。但 2017 年榆树市财政支出 89.3 亿元，“保工资”支出就需要 20 多亿元，而本级财政仅为 10.4 亿元，用地方干部的话说，我们不是“吃饭财政”，而是“要饭财政”。同时，有的惠农政策还需要地方配套，但主产区没有“吃饭”的钱，更无力支付地方配套，陷入“需要钱但赚不到钱、要不到钱”的恶性循环。由于农民种粮收入不高，所以村里通过“一事一议”建设公共设施难度极大。产粮大县的村集体经济也不景气，据前郭县政府介绍，全县 233 个行政村，账户存款达到 20 万元的村子不足 20 个，50%以上的村子没有存款，甚至有 1/3 的村子负债超过 50 万元。

6. 粮食补贴政策设计方案亟待调整完善 临储取消后国家提

供的补贴种类和数量都在增加，但从黑吉两省农业经营者和管理者的反映来看，现有补贴设计中系统性、长期性的考量还有待加强。第一，目前，水稻实行最低收购价，玉米、大豆实行生产者补贴，同时大豆还有轮作补贴，补贴政策品种之间、出台时间协调性较差，不利于形成合理的比价关系，对农民的种植行为引导信号不够明确。第二，农机具购置补贴极大地提高了种粮机械化水平，但要防止盲目申请补贴、争相购置农机问题，以造成一些合作社农机拥有量超过其土地经营规模承载程度。北安宏维农业物产公司自身未购置一台农机，全部依靠雇佣农机种地，反而降低了经营成本。第三，秸秆还田没有技术壁垒，但粉碎、抛洒、深翻等操作成本居高不下，仅秸秆还田的深翻成本就额外增加 500 元/公顷（约 30 元/亩）。现有深松整地作业补助标准低、规模小。

7. 贷款难、还贷紧干扰售粮节奏 贷款难、还贷紧的问题已影响到正常的粮食经营。第一，贷款难度大。众多合作社缺乏银行认可的抵押物，几乎无法获得银行贷款，宇新合作社融资需求是 1 000万，但仅获得贷款 400 万。吉林省拿出农业直补的 20%成立了省农业信贷担保有限公司，但贷款评估风险需要银行批准，而按照银行的标准来看农业项目风险大，批获难。前郭县没有一家合作社从吉林省农业信贷担保有限公司获得贷款。第二，贷款利率居高不下。一般情况下合作社贷款月利率是 6 厘多，部分地区农村商业银行、邮政储蓄银行的贷款利率甚至高达 8～9 厘。第三，银行规定的还贷时间大多与收获时间重合，加剧粮食集中上市，进一步打压了市场价格。农民贷款是当年 3 月开始，第二年 2 月还清，恰好与当年末和次年初的售粮高峰重合，造成农民为了还贷急于售粮变现，这样的还贷节奏不利于稳定粮食价格和增加种粮收入。

8. 新型经营主体规模化经营风险增加 黑吉两省新型经营主体规模经营比重较大，尤其黑龙江规模经营比重超过 60%，但近年来经营风险不断增加。第一，2018 年以来，化肥、农药等生产资料价格普遍上涨，尤其是以石油为原料的投入品，伴随国际石油

价格波动上浮至 80 美元/桶关口，生产资料价格与石油价格同步起伏，经营投入不确定性增加。黑龙江省赵光农场负责人介绍，尿素投入从 2017 年每吨 1 700～1 800 元增加到 2 100～2 200 元（上涨 23%），氮肥从每吨 2 500 元增加到 3 000 元（上涨 20%），钾肥从每吨 3 100～3 200 元增加到 3 500 元（上涨 11%），农药涨幅也在 10%～20%。第二，租金上涨快。土地经营收益、补贴与土地租金联动起伏，经营好了反而会带动土地流转价格增加。榆树市一合作社提及，2017 年地租每公顷仅为 3 000～3 500 元，2018 年连片土地骤然上涨到 8 500～9 000 元。第三，保险保障力度比较低，目前大灾保险保费 12 元/亩，农民承担 4 元/亩，但赔付门槛比较高，即便是吉林 2018 年遭遇旱灾，达到完全绝产的也比较少，农民获得赔付有限。

三、政策建议

在调研中，种粮农民和涉农基层部门反映目前粮食生产存在一些不利因素，调动农民种粮、地方抓粮的积极性还需要系统性的政策措施，要倍加珍惜、努力保持我国粮食生产 14 年持续稳定发展的好形势。需要特别重视研究“三个转折”，一是 2015 年有可能成为我国粮食种植面积增减的转折之年。近几年来，长江流域和黄淮海地区棉花面积调减了几千万亩，2015 年，粮食面积增加到 17 亿亩，为进入 21 世纪以来最高水平。2016 年、2017 年，国家引导调整种植业结构，粮食面积减少，2018 年面积继续减少。要警惕以调整种植业结构为名，粮食面积大幅减少的倾向。二是 2018 年有可能成为我国粮食连年丰收后高位回落的拐点之年，2018 年夏粮、早稻略减，秋粮主产区有增有减，全年粮食生产在克服多重困难的情况下，仍能保持 6 000 亿千克以上的较好水平，但要比 2017 年增产比较困难。2019 年粮食生产面临的问题比较严峻，确保面积稳定、产量稳定十分艰巨。三是 2019 年有可能成为粮食“收不了”

“储不下”“销不动”局面改变后发生供求关系逆转之年，在目前秋粮陆续上市之际，主产区市场价格趋涨，主销区采购活跃，国家主动收购数量减少，粮食供求形势正在悄然发生变化。

针对以上分析，结合这次调研基层的呼声要求，提出以下几点建议：

1. 防范粮食供求形势在潜移默化中突转 粮食连年丰收并不意味着产量会沿着惯性轨道继续保持下去，丰收的年头越多，高位回落的风险就越大。影响粮食危机的因素正在累积、交相叠加，即灾害频发拉低单产、结构调整促使面积骤减、库存见底降低调节回旋能力、贸易争端与国际油价风险难测。可谓“天人内外”四者跨界碰头，这是改革开放以来前所未有的。越是在粮食生产丰收的时候，越不能滋生麻痹大意，忽视粮食生产。当前，中国经济依然处在新旧动能转换的关键期，新的增长动能总体上看还处于发育期，此时更容不得粮食生产有任何闪失。我国粮食连续丰收是在复杂的国际环境、关键的历史时期、重要的经济社会发展阶段、多变的自然气候条件下取得的。在中美贸易争端中，粮食已经成为重要的筹码。我们不要侥幸，能从国际市场适时适量地进口粮食，平衡国内的供求关系。20 世纪 50 年代以来，国际上一共发生了 10 次粮食禁运事件，其中 8 次由美国发起。因此，我国粮食生产或迎拐点之前，我们必须要谨防粮食生产滑坡，坚定地按照习近平总书记的指示要求，始终紧绷粮食安全这根弦不放松，确保中国人民饭碗牢牢端在自己的手上，进一步强调粮食生产省长负责制，进一步加大粮食支持政策的力度，培育形成“政府重粮、部门抓粮、农民种粮”的强大合力。

2. 引导支持产区销区异地跨省储备 黑吉两省库存粮食逐步消化，尤其 2018 年、2019 年将完成累积的库存玉米出库，会形成很大的闲置库容。国家粮食和物资储备局要为粮食主产区和主销区牵线搭桥，帮助产销区建立长期稳定的购销协作关系，引导销区地方政府在确保区域内短期粮食安全的前提下，尽可能与产区企业开

展异地粮食储备。建立健全异地储备监管办法和轮换、费用拨付等机制，签订委托代储合同。同时，产区粮食主管部门在储备粮食监管、应急调运、粮源调剂和收储轮换等方面提供服务保障，充分利用现代信息技术和智能设备管理系统，实现对储备粮逐货位的品种、数量、质量远程在线监控，解决销区后顾之忧。

3. 建立健全“两个转移”的发展补偿机制 长期以来，产粮大县一直没有摆脱经济小县、财政穷县的困境，本级财政基本没有能力投入粮食产能建设。要着力建立健全“两个转移”的发展补偿机制，除了进一步加大中央财政对粮食主产县的专项转移支付力度，对产粮大县还要给予资源转化优惠政策等发展性补偿，对产粮大县的大型农业农村基础设施、义务教育等纯公共物品，中央财政要担负起主要责任。主销区是当前国家粮食政策最直接的受益者，大大增加了其发展机会，除了在主产区和主销区的财政收入间形成利益补偿关系，还要鼓励销区企业到产区投资，提升产区粮食生产技术装备和产业化水平，培育新经济、新业态和新模式，推动现代产业经济快速发展。

4. 构筑补贴、保险与贷款的“三位一体”生产支持体系 在总结玉米生产者补贴情况的基础上，建议 2019 年取消稻谷小麦最低收购价政策，全面实行粮食生产者补贴。春播前及时公布补贴方案，稳定种粮农民生产预期。深入推进涉农资金整合，全面实行“大专项＋任务清单”管理方式，下放资金使用管理权限，提高地方统筹使用资金的能力和空间。考虑从保费补贴着手，使补贴隐性化，确保补贴与直接生产者挂钩，根据种植大户的需求，加大保险保费补贴，降低种植风险。调整保费补贴分摊办法，进一步提高产粮大县保费补贴标准，取消主产区市县政府配套保费补贴。在完善粮食作物完全成本保险和收入保险试点基础上，持续深入推进种粮保险“扩面、提标、增品”，做到应保尽保。利用现有已从补贴中提取的部分（即信贷担保有限公司注册资本）作为贷款风险保证金，推广“银行＋保险＋风险保证金”模式，加大对新型经营主体贷款贴息、融资担保等扶持政策。结合种植作物周期调整农民还贷梯次，针对还贷期与售粮季交叉重叠的问题，可根据农民种植作物生长周期特点，延长或缩短贷款期限不等数月，实行错峰还贷。支持发放种粮中长期贷款，对中长期的贷款给予税收减免、财政贴息、融资担保等扶持政策。

5. 科学合理推进“镰刀弯”地区结构调整 2016 年和 2017 年“镰刀弯”地区玉米调减面积已累计约 4 000 万亩，但在黑龙江第四、第五积温带等地区，合理轮作制缺少调剂品种，玉米是作物间轮作难以替代的品种。因此，继续调整玉米面积没有余地。要精准细化分地区施策，在第四、第五积温带推广大豆、玉米为主干作物，辅之以其他经济作物合理轮作，并在适宜地块扩大春小麦种植。根据科学轮作要求，推广选地整地、品种选择、播种施肥、田间管理等先进生产技术，对休耕地要允许种植豆科作物涵养土壤。

成都市以体制创新激活城市要素下乡的实践与启示

赵一夫　薛　莉　刘　慧

为探索和挖掘基层乡村振兴实践的有益做法与成功经验，总结和梳理乡村振兴创新发展模式，从而有效指导实践，支撑政策创制，中国农业科学院“乡村治理与发展研究”课题组于 2018 年 9 月赴四川成都 3 个县（市）开展实地调研，深入考察了蒲江县甘溪镇明月村、崇州市道明镇竹艺村、大邑县青霞镇分水社区。与村干部、合作社和企业负责人、村民等广泛走访交流，围绕如何实现多元主体参与，实现城乡要素融合，推进乡村振兴发展的做法和成效进行了实地考察。

一、成都市激活城市要素下乡的三种创新模式及做法

在对蒲江县甘溪镇明月村、崇州市道明镇竹艺村和大邑县青霞镇分水社区的调研中发现，3 个村虽然发展的基础和条件各不相同，但在推动实施乡村振兴发展过程中，都不约而同抓住了激活人才要素的关键点。

明月村“新村民＋合作社”模式。蒲江县明月村有 7 000 亩生态雷竹，2 000 亩茶园以及具有 300 多年历史、四川唯一一座保存完好的“活着的邛窑”——明月窑。依托这些独特资源，明月村选择了以陶文化为主的文创兴村发展路子。村里通过项目引进了“新村民”张双丽，担任文创旅游专业合作社的职业经理人。在她的带

领下，合作社迅速发展，率先在村内开展陶艺、烘焙、农事体验等旅游项目，陆续开发了茶、竹、陶、印染等特色旅游产品，相继推出“明月酿”、“明月手工茶”、“远山活物”雷竹笋等农副产品，实现农户增收的同时，也将明月村的品牌推向了全国。此外，合作社还将本村返乡人员及相关手艺人的信息做了专门的登记，根据村内项目的情况为他们推荐工作，架起服务老村民和新村民的桥梁。目前，明月合作社共吸引了包括艺术家、设计师、建筑师、企业家、学者、青年创客等在内的100余位“新村民”，开发文创项目45个，发展出书院、餐厅、民宿、手工艺体验馆、博物馆、自然教育学校等多种经营业态，获得“中国乡村旅游创客示范基地”称号，带动村民增收500余万元。

为吸引城里能人下乡，推动文创旅游合作社发展，县政府和明月村采取了有力的政策措施。一是解决项目落地用地问题。县政府在村头老窑附近调剂了187亩国有建设用地指标，规划为40年产权的商业用地，按3个功能组团划分为3～35亩不等的17个地块，通过土地招拍挂手续引进项目。鼓励租赁集体建设用地，改造院落，利用已移居或外出务工农民闲置的农家小院，以15～20年的租期，租给符合产业发展需求的艺术家。二是政府支持基础设施和公共配套设施建设。包括道路、供排水、垃圾处理、电、气、通信、网络等公共基础设施和环境整治全部由县政府配套，通过微村落改造，建成乡村旅游体验区，带动和支持老村民创业。三是出台支持乡村创业的政策措施。对符合条件有带动作用的项目给予资金补贴，对老村民创业提供策划规划、设计、培训、宣传等一系列协助，为返乡青年提供工作机会和创业平台、培训学习机会、低息贷款等扶持。

竹艺村“新村民＋公司＋农户”模式。竹艺村位于四川省崇州市道明镇，是一个由3个相邻自然村组成的农村生活社区，因国家非物质文化遗产“道明竹编”而得名。受工业化发展的影响，传统的竹编产业逐渐衰落，近几年当地一直在思考如何重振竹编产业。

2017年9月，在崇州市政府的帮助下，道明镇引入中瑞锦业文化旅游有限公司入驻竹艺村，村企联合共同探索产业升级带动乡村振兴的发展出路。短短一年多时间，竹艺村已由原来沉寂在川西平原上的普通村落，转变为城里人向往和羡慕的乡村振兴典型示范村。

以企业为媒引入城市人才要素是村企合作项目的关键抓手。项目负责人张永超就是第一批引入的“新村民”，在她的带动下，先后吸引了著名青年诗人马嘶、国学古法老师冯玮等100余名“新村民”入驻。张永超在调研中向我们介绍，要成为竹艺村的“新村民”并不容易，“他们要有一定的审美观，更要有情怀，我们不希望他们抱着纯粹挣钱的目的进来”。

竹艺村打造乡村多元发展新业态时，引入企业以规划统筹建设，因地制宜用好乡村资源。这个村坚持“无规划不设计、无设计不建设”，遵循“多改少拆”原则，探索形成先共识后共建、先生态后项目、先公建后产业的“三先三后”实施时序，保护原生态、留下原住民、保留原住房、利用原材料，不大拆大建、不挖山填塘、不过度设计、不冒进求洋的“四原五不”建设守则。顺应乡村自然机理，科学开展土地整治，破解产业融合发展用地瓶颈。竹艺村按照确权明确的农村宅基地和集体建设用地范围，着力盘活农村闲置宅基地和房屋资源，开发多元业态。通过村企合作项目带动，竹艺村深度挖掘竹业价值，形成了集制作、加工、展销、教学、体验为一体的竹艺休闲产业。游客纷沓而来的同时，道明村也吸引了越来越多愿意回到乡村进行创作的艺术家，成了村里的新村民，原村民仅房屋租金平均每户就多收入1.5万元，人均务工每年增收也在2 000元以上。

分水社区“新村民＋创业平台”模式。分水社区位于大邑县青霞镇，距离成都市区仅50千米，是一个普通的城郊型村落，缺乏独特的旅游资源，产业基础和人文条件也不具备优势，长期以来人口处于净流出状态，农村空心化、老龄化的现象突出。几年前，县政府抓住灾后联建的契机引入社会资本成立投资运营公司，在社区内规划出 1 000 亩土地打造幸福公社创业服务平台，开启了村社结合、以平台带动社区发展的兴村之路。2018 年，为推动乡村振兴战略实施，分水社区以集体资产入股，与幸福公社联合成立幸福分水文化旅游开发公司，将平台与社区的合作从带动发展推进到融合发展。

幸福公社始终将人才的引进和培育作为提升社区发展能力的关键，通过打造特色文创街区、举办创意大赛、创意集市等活动，吸引了大量有情怀的城市人群下乡，入驻社区成为“新村民”，目前已经有 50 多家创业团队、家庭、个人工作室在幸福公社落地。“新村民”的带动不仅仅体现在创业技能的培训方面，也实实在在地影响和改变着社区的村貌和乡风。文创设计师刘红是较早入驻社区的“新村民”，现在已被聘任为社区居委会名誉主任兼乡村规划师，在她的带领下，设计团队与群众一道完成了分水社区形态提升。看到大的环境发生了变化，村里的居民也自发参与到社区建设中，自愿免费腾退土地 10 余亩修建道路，自费修建凉亭 6 处，社区变成了景区，人气也越来越旺了。如今，分水社区利用幸福公社的平台优势，汇集创业创新人才，将创新创业融入农村社区发展，形成了“社区＋景区＋产业集聚区＋人才聚集区”四区合一的发展态势，成为成都市第一个旅游型社区和乡村文创旅游目的地，每年接待游客达到 30 万人以上，回乡创业返乡人才已有 43 人、就业的有 200 余人。

二、启示与建议

乡村振兴战略是促进我国农业农村现代化的长远战略，其推进过程将是一个持续不断创新机制、激发潜能、注入活力的改革过程。成都 3 个县（市）的乡村振兴发展实践，既有各自特点又有共同点，是以体制创新让城市人才下乡，推进乡村振兴发展的鲜活样板。

（一）因地制宜是推动乡村振兴发展的重要原则

明月村、竹艺村和分水社区，虽然都是成都近郊县（市）所辖的农村社区，但各自具有不同的发展条件和资源特质，在推进乡村振兴发展中都能取得显著成效，重要的是各村都遵循了因地制宜的发展原则，在乡村建设规划、治理机制创新和产业重塑的过程中充分挖掘和利用本地的资源特质，将自身优势与外部因素有效结合，释放出本土化、特色化、可持续的发展动力。推而广之，村作为乡村振兴战略实施的主战场和基本行动单元，在创新发展中应被赋予更多的自主性和主动权，充分发挥村级的创造力，将本地特色资源的挖掘利用作为机制创新的切入点和着力点。如何做到因地制宜，防止千村一面，必须加强规划引导。为此，建议县级政府应统筹各乡镇资源，针对性做好村级发展规划，并指导村社做好规划落地的行动方案，自上而下与自下而上双向发力，精准推进乡村振兴发展。

（二）人才引育是撬动乡村振兴发展的关键支点

调研的 3 个村社无不以人才作为撬动乡村振兴发展的关键，找准了当前我国乡村普遍的弱项，补上了人才这块突出的短板，效果自然明显。推动人才要素下乡，为乡村注入创新发展的动力和活力，成为撬动乡村振兴的关键支点。在人才引育推进方面，调研的村社给了我们一些重要启示：一是人才引育是一个系统工程，既要引得进，还要留得住，更要用得好；二是久久为功推动乡村振兴，须重视带动培育本地人才，激发乡村发展的持久活力；三是以人才振兴为抓手，提升乡村治理能力，应鼓励多元经营主体积极参与，形成共建、共治、共享的良好环境。为此，建议县乡政府充分发挥统筹和引导作用，帮助村社明确发展定位，着力构建引人、育人的创业平台和制度平台；可推广“乡村振兴人才培训和资质认证”制度，利用城市下乡的人才资源为在地和返乡村民提供培训服务，并优先支持获得资质认证的本地学员回乡创业发展；推广“职业经理人”制度，鼓励和支持经营主体负责人在“村两委”兼任职务，积极参与乡村治理，强化乡村振兴专业人才队伍。

（三）乡村基础设施建设是城市人才下乡的重要条件

乡村振兴需要基础设施建设先行。让企业和城市人才到乡村去，不仅要靠情怀，还要有像城市一样的创业兴业的设施和环境，要建好“梧桐树”吸引人。这方面，3个村有一致的共同点，都是由县财政拨款，加上村里多方自筹资金，先行整理村容村貌、修建道路、连通污水管网，让乡村清洁起来、文明起来，让人才能落得下、稳得住。乡村基础设施建设资金需求大，公共性特征突出，靠一个乡、一个村自身的财力搞建设，对绝大多数乡村而言难度很大，不切实际。为此，建议县（市）政府加大投入力度，优先推动城乡连接道路设施和农村人居环境基础设施建设，加快缩小城乡基本公共服务设施建设差距。资金方面，中央财政应加大投入力度，并支持地方政府依法合规发行政府债券筹集资金，用于农村基础设施建设，各县（市）应积极争取中央和省级预算内资金，并统筹整合相关渠道资金，充分发挥政府投资撬动作用，提高资金使用效率。

（四）乡村振兴发展不能忽视农民的主体地位

城乡融合是推动乡村振兴发展的重要途径，但吸引城市人才、资金、技术要素以及先进发展理念和治理方式进入乡村的同时，要避免把乡村变为城市人的栖居地、企业家的投资场、商业资本的试验田，避免将农民排除在乡村的建设和发展之外。调研中发现，3个村在吸引城市要素下乡、重塑产业链条的发展进程中，都没有忽视本地村民的主体地位，坚持融合互促、共建共享的发展方式，也正因如此，3个村都呈现出有乡愁、有人情、有韵味的发展形态。如何突出农民在乡村振兴中的主体地位，我们从调研乡村的实践中

可以得到两点启示：一是激发乡村振兴人才活力，不仅要创新机制吸引城市专业人才和创新人才下乡，更应立足本土，重视本地人才培育，以“新村民”带动“老村民”，将人才活力转化为持续推动乡村振兴的内生动力。二是吸引城市资本和经营主体下乡，在依托城乡要素结合带动乡村产业振兴的发展过程中，须强调农民参与经营、利益分享的主体地位，激发集体经济组织资源、资产、资金的活力。在政策推动方面，结合农村集体产权和土地制度改革，放宽农村集体资产和村民宅基地、住房参与市场经营获取收益的约束，以民房改造、村屋租用等形式，为城市资本和人才要素下乡提供发展空间，盘活农村闲置资产，增加农民收入。

促进小农户与现代农业衔接的经验启示与建议

孙东升　孔凡丕　陈学渊

中共十九大报告提出，发展多种形式适度规模经营，培育新型农业经营主体，健全农业社会化服务体系，实现小农户和现代农业发展有机衔接。促进小农户和现代农业发展有机衔接，对巩固完善农村基本经营制度、实施乡村振兴战略、夯实党的执政基础具有重要意义。为此，中国农业科学院农业经济与政策顾问团委派专家于2018年10月赴安徽省黟县和怀远县对小农户与现代农业衔接情况进行调研。调研情况表明，安徽省以农业龙头企业和农业社会化服务组织带动小农户发展现代农业的经验做法具有较好的现实意义和推广价值。

一、安徽省促进小农户与现代农业衔接的典型做法与成效

安徽省围绕农户经营规模小、耕地碎片化程度高、村集体组织协调难度大、农户与新型农业经营主体利益联结机制薄弱等问题，做了深入探索。其中，黟县构建“农业龙头企业＋村集体＋合作社＋农户”的经营管理模式，怀远县构建“新型社会化农业服务组织＋合作社＋家庭农场＋农户”经营服务模式，带动小农户发展适度规模经营，促进现代农业发展，成效都很明显。

（一）黟县主要做法与成效

1. “农业龙头企业＋土地股份合作社＋农户”发展现代农业　黟

县汪村依托“村两委”为解决传统耕种模式效益不高、抛荒田等问题，按照主体多元化、要素股份化、经营产业化、运作市场化的思路，成立汪村土地股份合作社。汪村现有296户，以土地承包经营权入股的社员共294户，总入股土地640亩。每亩为1股，每股折算现金4 000元，共折算现金256万元；村集体以30万元扶贫资金入股，折算股份75股，加上村集体管理折算股份10股，共计85股；龙头企业有农公司以8 000元入股，折算股份为2股，实现了土地变股份、资金变股金和农民变股东的模式，为发展适度规模现代农业经营奠定了基础。

2. 土地股份合作社实施规模经营，粮食生产实现节本增效 黟县农友种植专业合作社理事长徐海波算了一笔账：2017年，农民到市场购买水稻种子需要支付96元/千克，合作社统一配送只需要72元/千克，按机插秧1.25千克/亩计，种子节约成本30元/亩；农户到市场购买化肥价格约3.4元/千克，合作社统一配送只需要2.8元/千克，按30千克/亩计，化肥节约成本18元/亩；由合作社统一安排机插、机耕、机收和烘干4项节省成本175元/亩。参加合作社后，农户生产成本共降低223元/亩。此外，龙头企业收购合作社粮食价格2.7元/千克，比国家最低粮食收购价2.52元/千克高出0.18元/千克。汪村土地股份合作社对入社土地统一平整、连片集中，统一供种、植保和机械化作业，有利于提升粮食品质、降低生产成本、增加农民收益，实现了粮食生产节本增效。

3. 拓宽发展渠道，保障小农户收益 汪村土地合作社实行“保底收益+按股分红”的分配方式，农户还能享受扶贫资金分红收益。2017年，农户除去外出务工收入外，合作社农户每股分红500元，与土地流转平均租金比较，每亩增收100元，同时给贫困户每户730元的额外分红。合作社通过多元化种植等方式拓宽发展渠道，2018年种植70亩中药材宁前胡，实现中药材生产性纯收入约11万元，先期给予48户贫困户200元/户的扶贫分红。

（二）怀远县主要做法与成效

1. 依托土地经营权互换改革，破解小农户土地“碎片化”问题 怀远县徐圩乡探索实践“一户一块田”改革，核心就是依托土地经营权互换，将田块合并与宅田统筹相结合，通过民主协商、自愿互换零碎化土地达到一块田。2014 年，大一、东邵两个村民小组将分散成 426 块的“巴掌田”，最终合并成 81 块相对大而集中的一块田，开启了“一户一块田”改革。截至 2017 年底，徐圩乡已完成 136 个村民组，合并土地面积近 73 337.95 亩，占全乡土地确权面积的 59.32%左右。据调查数据，褚湖村圩西、北院两个村民组，改革前土地确权面积 1 809.57 亩，改革后实际耕地面积 1 847.74亩，新增有效耕地面积 38.17 亩，地块数由原来的 752 块，减少到 140 块。“一户一块田”实施后，全乡有效耕地面积增幅 2%～4%，增加了土地利用面积，节约了耕地资源，提升了土地流转效率，为土地的规模化经营和机械化耕作奠定了基础。

2. 依托土地托管社会化服务，破解“谁来种地”和“怎么经营” 怀远县把培育发展社会化服务组织作为破解“谁来种地”和“怎么经营”的切入点。徐圩乡李庙组通过农户充分协商，选择以土地入股，实行土地托管，按照“保底＋分红”的分配方式，把整理后的大地块交由本村民小组 7 个“能人”经营，每户经营 120 亩以上，形成 7 个大块田。7 个“能人”注册了 7 个家庭农场，并成立了春领农业种植专业合作社，合作社与怀远县盛世兴农农机专业合作社签订全程社会化服务合作协议，实现农资供应、机种机收、统防统治、烘干仓储等全程社会化服务。调查表明，全程社会化服务组织参与，与市场价相比，种子低 0.40 元/千克，植保低 5 元/亩且无人工投入，总物资费用节省 100 元/亩左右，且基本无直接人工投入。

3. 培育壮大四类农业服务组织，实现农业提质增效 怀远县通过培育和发展公益性农业服务组织、农民专业合作社、经营性农业服务组织和购买社会服务 4 种形式，构建新型农业社会化服务体系。一是以乡镇农技站为依托、建设基层农业公共服务中心，已建设 18 个乡镇农业公共服务中心，344 个村级农业服务站点，培训 291 名农业技术服务人员在中心、站点开展技术服务，解决了农业技术推广应用“最后一公里”问题；二是扶持兴办服务型农民专业合作社，重点支持农业机械等服务组织从事农业社会化服务，培育农民专业合作社 1 700 家，带动农户 10 万余户，其中农机专业合作社 82 家，服务农户占 42%；三是发展经营性农业服务组织，完善信贷担保、贷款贴息等，支持农业服务企业开展体系建设，累计组建 35 个产业化联合体，形成全产业链社会化服务机制和模式；四是集成社会服务、全面推动产业升级，通过政府购买农业公益性土地深松、统防统治服务试点，提高社会服务能力。

二、安徽省促进小农户与现代农业衔接的经验启示

从黟县和怀远县调研来看，发展土地股份合作社和土地经营权互换破解了小农户耕地破碎化问题，为农业适度规模化经营奠定基础。同时，引入农业龙头企业和农业社会化服务组织，破解了劳动力不足和经营不善问题，提高了小农户土地收益和生产收益，激发了小农户参与现代农业发展的积极性。实践表明，这两种模式对促进小农户与现代农业有机衔接具有重要作用，对于其他区域小农户参与现代农业发展具有借鉴意义。

1. 土地股份合作制和土地经营权互换要坚持农户主体地位和保障农户利益　黟县汪村入股农户 294 户，按 1 亩 1 股，占合作社股份 88.1%，村集体以扶贫资金和管理入股，占合作社股份 11.6%，龙头企业持资金入股，占合作社股份 0.3%，坚持了农户

的主体地位。土地经营权互换成为土地流转的重要实践，促进了土地流转效率，同时催生了专业化的农业经营主体。据怀远县调研，经营权互换后，年亩均农业生产成本降低 60 元，户均增收 1 300 元，同时减少土地纠纷 90%，保障了农户的利益。

2. 农业龙头企业和社会化服务组织是小农户衔接现代农业发展的两种有效模式 黟县“农业龙头企业＋村集体＋合作社＋农户”模式中须具备三个条件才能可持续发展：一是龙头企业必须具备较好实力，二是其产业必须符合当地农业发展需要，三是村级两委参与合作社，协调和组织农户。怀远县“新型社会化农业服务组织＋合作社＋家庭农场＋农户”模式中新型社会化农业服务组织实现了三个方面的提升：一是提升了人员、技术、装备的水平，扩大了全程服务能力；二是提升了服务标准和评价标准，减少因服务质量引起的纠纷；三是提升了村级两委在农户和服务组织之间的沟通作用，解决服务组织与农户有效对接和提供集中服务的问题。这两种模式均在充分尊重农户意愿的基础上，解决了耕地碎片化问题，为适度规模化经营奠定了基础。同时，保证了农户的主体地位和收益，激发了农户参与现代农业发展的积极性。

3. 促进小农户与现代农业衔接的模式要因地制宜 调研表明，农业龙头企业实力强的地区，适合采用“农业龙头企业＋村集体＋合作社＋农户”的模式。比如，黟县积极培育农业龙头企业 24 家、农民专业合作社 248 家、家庭农场 180 余家和产业联合体 7 个，推动了不同类型农业新型经营主体与小农户的联结。农业龙头企业不强的地区，适合采用“新型社会化农业服务组织＋合作社＋家庭农场＋农户”的模式。比如，怀远县重点扶持发展农业社会化服务组织，有效带动农户参与产前、产中和产后的农业生产经营，累计流转农村土地 90.62 万亩，占确权面积 42%；并完成 330 个村民组、1.45 万户农户、15.79 万亩“一块田”改革，破解了农户土地“碎片化”问题；小麦和水稻的良种率达到 98%，统防、统治面积 200 亩，秸秆综合利用面积 200 万亩，有效地提高了土地适度规模

化经营水平。

4. 土地股份合作社能够有效提升小农户规模经营和权益保障水平 从黟县调研来看，通过建立土地股份合作社，将小农户的土地集中，破解了小农户土地破碎而无法实施适度规模化经营和兼业农户无法享受社会化服务组织服务的两大问题，以保底＋分红的形式，使农户土地经营权获得回报，通过“农业龙头企业＋村集体＋合作社＋农户”的利益联结机制，分享现代农业发展成果。

三、小农户与现代农业衔接的政策建议

（一）完善农业保险政策

1. 提高小农户保险标准，将农户的物化生产成本、土地租金和用工成本纳入保障范围。

2. 改进附加农业保险、完全成本保险及收入保险试点政策，增设规模化经营主体投保的门槛条件，将带动小农户发展增收的指标作为一项约束要求。

3. 保险政策要统筹兼顾、有机衔接，在不抵冲前期政策效应前提下，进一步提高保险政策针对性与公平性。

（二）加强农村基层组织建设，完善农村人才培育保障机制

1. 加强农村两委组织建设，把农村生产能人、经营能人和退伍军人纳入“村两委”后备，优先吸纳进入“村两委”班子，同时探索农村优秀青年晋升通道。

2. 建立健全人才激励保障机制，多措并举留住优秀人才，吸引农村能人返乡创业和反哺家乡，引导大学毕业生下基层，从创业、晋升、求学、培训等方面提供必要的扶持政策。

3. 完善农村人才继续教育机制，提升村级人才整体素质，将农村人才的教育培训纳入培训规划。

二、顾问团专家论文

对农村承包地“三权分置”的几点认识

陈晓华

2018年是改革开放40周年。中国的改革从农村起步，从小岗村大包干“破冰”。这一改革打破了“一大二公”的人民公社体制，建立了以家庭承包经营为基础、统分结合的双层经营体制。这是我国农村的基本经营制度，是我们党农村政策的基石。改革开放40年来的历程表明，这一制度适应农业生产特点，适合不同生产力发展水平的需要。正是在这一制度下，我们解决了10多亿人口的温饱问题，解放了农村富余劳动力，推动了二三产业的发展，使农村走上了繁荣之路。进入新时代，农业农村经济社会发生了深刻变化，大量农村劳动力转向非农就业，农村土地经营权流转规模迅速扩大，各种新型经营主体不断兴起，多种形式的适度规模经营模式竞相涌现。这些变化，推动了农业发展、农民致富、农村繁荣，同时，也对巩固和完善农村基本经营制度提出了新的要求。顺应新形势、新变化，中央专门印发了《关于完善农村土地所有权承包权经营权分置办法的意见》。这个意见阐述了“三权分置”重大意义和科学内涵，提出了落实“三权分置”的总体要求和政策措施，对于进一步巩固和完善农村基本经营制度，做好今后“三农”工作、推动乡村振兴，具有重大意义和深远影响。结合学习中央精神，自己有以下几点认识和体会：

一、“三权分置”是深化农村土地制度改革的必然要求

“三权分置”也就是农村土地集体所有权、农户承包权、土地

经营权“三权”分置并行。改革开放之初，根据当时农业生产力水平低下、解决吃饭问题是头等大事的实际情况，通过改革，在坚持农村土地集体所有的前提下，把土地承包经营权赋予农户家庭，实行了家庭联产承包责任制，实现了“两权分离”。这一“分离”，充分调动了亿万农民群众的生产积极性，成功解决了温饱问题，为国民经济的持续快速发展提供了有力支撑，是我国农村改革历史上的一次重大创新。现阶段，随着工业化、城镇化深入推进，农村劳动力大量转移进城，相当一部分农户将土地流转给他人经营，承包主体与经营主体分离，从而使承包经营权进一步分解出相对独立的经营权，形成了集体所有权、农户承包权、土地经营权“三权”分置并行的格局，农村土地产权更加丰富和细分。这一制度安排，坚持了农村土地集体所有，强化了对农户土地承包权的保护，顺应了土地要素合理配置、提升农业规模效益和竞争力的需要。可以说，“三权分置”是在新的历史条件下，丰富了农村土地集体所有的实现形式，是家庭联产承包责任制后农村改革又一重大制度创新。

1. “三权分置”有群众实践需要 改革开放以来，我国农村实行土地农民集体所有、农户家庭承包经营的基本经营制度，与此相适应，农村土地承包法律政策体系也主要着眼于维护农村土地集体所有权和农户承包经营权。当前，土地经营权流转越来越普遍，家家包地、户户务农的局面发生变化，催生了大量新型经营主体，形成了集体拥有所有权、农户享有承包权、经营主体行使经营权的新格局。截至 2017 年底，全国 2.3 亿农户中流转出承包土地的已经超过 7 000 万户；在江苏、浙江等省份，流出土地农户比例已接近 50%，就是在小岗这样的村也超过了一半。现在全国 2.3 亿承包农户每户平均拥有不到 8 亩的承包土地，他们是土地承包权的拥有者，但许多已经将承包地流转出去，不再从事农业生产。而家庭农场、农民合作社、农业企业等新型经营主体许多虽不拥有土地承包权，但他们流转了较大规模的土地搞农业，拥有土地经营权，日益成为农业生产经营的重要生力军。在保护集体所有权、农户承包权

的基础上，平等保护好土地经营权，赋予经营主体更加稳定的预期，成为发展现代农业的必然要求。

2.“三权分置”有政策理论支撑 党中央、国务院高度重视“三权分置”问题。2013年7月，习近平总书记明确提出，深化农村改革，完善农村基本经营制度，要好好研究农村土地所有权、承包权、经营权三者之间的关系；当年12月，在中央农村工作会议上全面系统地提出了实行“三权分置”重大改革思想，指明了我国农村土地产权制度改革方向，是我国农业农村领域又一次重大理论突破和制度创新。2016年4月25日，习近平总书记在小岗村农村改革座谈会上，强调新形势下深化农村改革，主线仍是处理好农民和土地的关系。中共十八届五中全会明确提出，完善土地所有权承包权、经营权分置办法，依法推进土地经营权有序流转。为贯彻落实中央要求，近年来，各地从实际出发积极探索“三权分置”具体办法，取得了一定成效，积累了不少经验。许多专家学者，也从理论上探讨保护各方土地权益，明晰“三权”权能及相互关系等问题，为破除体制机制障碍，完善相关政策法律，促进“三权分置”有序实施，作出了积极努力。可以说，“三权分置”有坚实的实践和理论基础，是中国特色农村集体土地制度改革不断深化的必然逻辑。

二、“三权分置”对推进农村改革发展具有重大意义

“三权分置”源于改革实践，主要解决了两个方面的重要问题。一方面，通过实行“三权分置”，明确了涉及农村承包地的各种权利义务关系，更好地维护农民集体、承包农户、经营主体等各方权益；另一方面，通过实行“三权分置”，促进了土地资源优化配置，发展适度规模经营，推进农业供给侧结构性改革，为发展现代农业、增加农民收入、实现乡村振兴提供坚实的保障。

“三权分置”在理论上有突破，在制度上有创新，具有深远的意义。一是丰富了双层经营体制内涵。从“两权分离”到“三权分置”，从“集体所有、农户承包经营”到“集体所有、农户承包、多元经营”，“三权分置”展现了我国农村基本经营制度的持久活力。二是开辟了中国特色农业现代化新路径。实行“三权分置”，在保护农户承包权益的基础上，赋予新型经营主体更多的土地经营权能，有利于提升土地产出率、劳动生产率和资源利用率，加快转变农业发展方式，发挥适度规模经营在现代农业建设中的引领作用，走出一条产出高效、产品安全、资源节约、环境友好的中国特色农业现代化道路。三是丰富了党的“三农”理论。“三权分置”实现了集体、承包农户、新型经营主体对土地权利的共享，有利于促进分工分业，让流出土地经营权的承包农户增加财产收入，让新型农业经营主体实现规模收益，是充满智慧的制度安排、内涵丰富的理论创新，是习近平同志“三农”思想的重要内容，为发展现代农业、实现城乡协调发展、全面建成小康社会提供了新的理论支撑。

三、领会“三权分置”重点是把握好内涵要义

集体所有权、农户承包权、土地经营权统一于农村基本经营制度，“三权”之间既具有层层派生的关系，又能够相对独立地运行。农村土地集体所有权是土地承包权的前提，农户享有的承包经营权是集体所有权的实现形式，在土地流转中，农户承包经营权派生出土地经营权。在政策和法律上理清“三权”关系，需要不断地实践探索和理论创新，逐步完善“三权”关系，充分发挥“三权”各自功能和整体效用，形成层次分明、结构合理、平等保护的格局。

1. 坚持集体所有权 农村土地属于农民集体所有，是《宪法》的明确规定，这是农村最大的制度，必须坚持，不可动摇。坚持农

村土地集体所有，有利于确保广大农民群众平等享有基本生产资料，是实现共同富裕的重要基础。习近平总书记指出，坚持农村土地农民集体所有，是坚持农村基本经营制度的“魂”。土地制度无论怎么改，不能把农村土地集体所有制改垮了。实行“三权分置”，是新形势下集体所有制具体实现形式的探索和创新。

2. 稳定农户承包权 土地承包权是农民最重要的财产权之一，农户享有土地承包权是农村基本经营制度的基础。中央对农民承包权益保护始终明确和高度重视。习近平总书记指出，农民家庭承包的土地，可以由农民家庭经营，也可以通过流转经营权由其他主体经营，但不论承包土地经营权如何流转，集体土地承包权都属于农户家庭。为切实维护好农民的土地承包权益，党和国家制定了专门的法律和一系列政策，反复强调严格保护农户的土地承包权益，并根据形势发展赋予承包农户更充分的土地权能，包括依法依规建设必要的农业生产、附属、配套设施，依法依规就承包土地经营权设定抵押、自愿有偿退出承包地，具备条件的可以因保护承包地获得相关补贴等。稳定了农户承包权，就稳定了农民，稳定了农村。

3. 放活土地经营权 土地经营权是土地作为农业生产要素功能的直接体现。实施“三权分置”的一个重要目的，就是更好用活土地经营权，优化土地资源配置，实现“农地农民有、农地农业用”，既促使提升土地产出率，又保障务农者的劳动效益和收入水平，更好地促进规模经营和现代农业发展。目前，全国经营耕地面积在 50 亩以上的规模经营农户超过 350 万户，经营耕地面积超过 3.5 亿多亩。对这些通过流转土地从事农业规模经营的新型主体，既要赋予他们发展农业生产所必需的各项权利，鼓励他们集约节约利用土地，充分发挥其农业生产要素功能；又要确保不改变土地集体所有的性质，不改变农户家庭承包地位，不损害农户承包权益，并接受农民集体和承包农户的监督。这样使土地流转健康有序进行，使现代农业和规模经营与小农户更好衔接。

四、实施“三权分置”需要扎实稳步推进

“三权分置”涉及农村集体经济组织、承包农户、经营主体等多方权益，是一个复杂而艰巨的系统工程。在实施中要有足够的历史耐心，坚持尊重农民意愿、守住政策底线，扎实稳步推进。当前十分重要的是按照中央要求，做好以下几项基础工作：

1. 做好确权登记颁证工作 农村土地确权工作，是实施“三权分置”的重要前提。应在集体土地所有权确权登记颁证工作基本完成的基础上，进一步完善相关政策，及时提供确权登记成果，切实保护好农民的集体土地权益，力争 2018 年底基本完成，形成承包合同网签管理系统，健全承包合同取得权利、登记记载权利、证书证明权利的确权登记制度。同时应提倡通过流转合同鉴证、交易鉴证等多种方式对土地经营权予以确认，以促进土地经营权功能更好实现。

2. 做好土地流转管理和服务工作 引导土地经营权有序流转，是完善“三权分置”办法的重要措施。要因地制宜地加强农村产权交易市场建设，逐步实现涉农县（市、区）全覆盖，健全市场运行规范，提高服务水平，为流转双方提供信息发布、产权交易、法律咨询、权益评估、抵押融资等服务。不断加强流转合同管理，引导流转双方使用合同示范文本。进一步完善工商资本租赁农地监管和风险防范机制，严格准入门槛，确保土地经营权规范有序流转。切实加强农村土地承包经营纠纷调解仲裁体系建设，完善基层农村土地承包调解机制，妥善化解土地承包经营纠纷。

3. 做好新型经营主体培育工作 各类新型农业经营主体是引领现代农业发展的重要力量。目前，全国家庭农场、农民合作社、农业产业化龙头企业等新型主体数量已经超过 350 万家。这些新型经营主体在建设现代农业、保障农产品有效供给等方面发挥着越来越重要的作用。但由于扶持政策不健全、社会化服务支撑不足等制

约，当前新型主体发展正处在爬坡迈坎的关键时期，亟须政府予以扶持。应进一步完善新型经营主体财政、信贷保险、用地、项目扶持等政策，建立健全新型职业农民培育制度。积极创建示范家庭农场、农民合作社示范社、农业产业化示范基地、农业示范服务组织，示范引导新型经营主体发展。不断完善新型经营主体与承包农户建立紧密利益联结机制，带动普通农户分享农业规模经营收益。积极支持新型经营主体相互融合，鼓励家庭农场、农民合作社、农业产业化龙头企业等联合与合作，依法组建协会、联盟。

4. 做好相关法律修订完善工作 农村土地“三权分置”涉及各方主体的财产权益，需要法律的确认和保护。目前，农村土地承包法修正案已提交全国人大常务委员会审议，农村集体经济组织法也已经列入立法规划。应认真总结土地承包权有偿退出、土地经营权抵押贷款、土地经营权入股农业产业化经营等试点经验，加强重大问题研究，积极推动相关立法进程。

精准方略下的稳定脱贫

江泽林

“足寒伤心，民寒伤国。”消除贫困，自古以来就是人类梦寐以求的理想，是人民追求幸福生活的基本权利。中国的扶贫开发是在40年改革开放的进程中逐步展开和强化的一项重大战略决策，取得了举世瞩目的成就。当前，中国扶贫开发已进入攻坚拔寨的冲刺期，总结以往扶贫工作的经验和规律，对于党和国家下一步实施更为精准的扶贫措施、以更有力的行动和更扎实的工作、巩固和扩大现有脱贫成果、确保贫困人口彻底稳定脱贫意义重大。

一、中国扶贫工作特点

对中国的扶贫工作历程，已有研究主要是按照时间脉络进行阶段划分。目前学界存在两种观点：一种是以中华人民共和国成立为始点，将社会发展进程视为中国扶贫历史进程的一部分；另一种是以1979年为开端，因为发端于农村的经济体制改革推动了农村快速发展，使贫困人口大幅减少（汪三贵等，2017）。在具体阶段划分上，一种以中华人民共和国成立、改革开放、八七扶贫攻坚计划实施等关键时间为节点，将扶贫工作分成4～6个阶段；另一种依据扶贫政策演进，将扶贫工作分为“以‘面’为主的开发式扶贫、‘面、点结合’的多维扶贫阶段和以‘点’为主的精准扶贫阶段”（孙繁金，2018）。第二种划分能够很好地体现中国扶贫开发以政府为主导的实际，反映各阶段的不同特点。本文在分析总结上述成果的基础上，着眼于扶贫工作的整体历程，对中国扶贫工作的整体特

点进行分析阐述。

（一）扶贫对象越来越精准

改革开放以来，中国的扶贫工作大致可以划分为整体性发展脱贫（1978—1985年）、片区为主县域聚焦脱贫（1986—1993年）、县域为主片区支撑脱贫（1994—2000年）、整村推进脱贫（2001—2012年）、精准到户到人脱贫（2013年至今）5个阶段，扶贫对象也从整体到局部、从县村到户到人。

改革开放之初，脱贫主要是由生产关系调整和生产力解放带来的整体性脱离贫困。1978年，按当时的贫困标准，中国贫困人口为2.5亿人，占农村总人口的30.7%。大面积贫困的原因有多方面，但主要是农村生产关系不适应生产力发展需要。中共十一届三中全会以后，率先在农村开启的围绕生产关系的改革，极大地提高了农民的生产热情，解放了农村的生产力，农村贫困现象大幅度缓解。

随着改革深入发展，农村体制改革的边际效应下降。与此同时，这一时期的贫困状况也发生变化，贫困人口呈现出明显的区域集中特点，主要分布在“老、少、边、穷”地区。1984年党中央、国务院发布《关于帮助贫困地区尽快改变面貌的通知》①，提出扶贫“应集中力量解决十几个连片贫困地区的问题”。1986年4月第六届全国人民代表大会第四次会议通过的《中华人民共和国国民经济和社会发展第七个五年计划》②，将“老、少、边、穷地区的经济发展”单列一章，制定了专门针对贫困地区和贫困人口的政策措施，确定了18个集中连片贫困地区为重点扶贫开发地区，核定了贫困县，并明确了对贫困县的扶持标准。扶贫对象以片区为主，并向县域聚焦。

---

① 《关于帮助贫困地区尽快改变面貌的通知》，http：//www.china.com.cn/cpc/2011-04/12/content_22343638.htm。

② 《中华人民共和国国民经济和社会发展第七个五年计划》，http：//www.npc.gov.cn/wxzl/gongbao/2000-12/26/content_5001764.htm。

在国家扶贫开发有力推进下，贫困人口逐年减少，分布呈现地缘性特征，国家进一步集中资源，以县域为单位进行扶贫开发。1994 年国务院发布的《国家八七扶贫攻坚计划（1994—2000 年）》（以下简称“《八七扶贫攻坚计划》”）[①]，将“老、少、边、穷”等贫困地区和这些地区的贫困县作为重点扶贫对象。在关注片区的同时，把扶贫重点放在了县域，重新划定了贫困县标准和范围，确定了 592 个国家级贫困县，调整了国家扶贫资金投放的地区结构，并较大幅度地增加了扶贫资金。

《八七扶贫攻坚计划》实施后，贫困人口数量大幅减少，从区域分布逐渐转向点状分布。2001 年，国务院发布《中国农村扶贫开发纲要（2001—2010 年）》[②]，在“把贫困人口集中的中西部少数民族地区、革命老区、边疆地区和特困地区作为扶贫开发重点”的同时，强调要“以县为基本单元、以贫困乡村为基础”开展扶贫开发。扶贫对象主要转向县、村两级，并确定了 14.8 万个贫困村。

随着整个宏观经济环境的变化，经济增长带来的减贫效应下降。在此背景下，实施更加有针对性的、高效的扶贫政策来直接对贫困人口进行扶持就显得越来越重要。2011 年，党中央、国务院发布《中国农村扶贫开发纲要（2011—2020 年）》[③]，将“在扶贫标准以下具备劳动能力的农村人口为扶贫工作主要对象”，扶贫对象细化到贫困村、贫困户。2013 年 11 月，习近平总书记到湖南省花垣县十八洞苗寨调研，提出扶贫要“实事求是、因地制宜、分类指导、精准扶贫”[④]，这是精准扶贫概念首次被提出，也是中国精准

---

① 《国家八七扶贫攻坚计划（1994—2000 年）》，http：//www.cpad.gov.cn/art/2016/7/14/art_343_141.html。

② 《中国农村扶贫开发纲要（2001—2010 年）》，http：//www.gov.cn/zhengce/content/2016-09/23/content_5111138.htm。

③ 《中国农村扶贫开发纲要（2011—2020 年）》，http：//www.sara.gov.cn/ztzz/gjzjjfpzt/zc_fp/332785.htm。

④ 参见《习近平赴湘西调研扶贫攻坚》，http：//news.china.com.cn/2013-11/03/content_30484698.htm。

扶贫开始的标志。2014 年，全国共识别 2 948 万贫困户、8 962 万贫困人口。2015—2016 年，各地开展建档立卡“回头看”，补录贫困人口 807 万，剔除识别不准贫困人口 929 万[①]，扶贫对象进一步精准到户到人。

（二）扶贫标准越来越高

由于城乡居民收入的增加，受物价和消费结构变化的影响，扶贫标准也在不断提高。

居民收入增长的同时，城乡居民收入差距也在扩大，贫困标准需要不断提高。随着扶贫工作的不断推进，农村居民收入不断增长，特别是贫困地区农村居民人均收入增长速度较快，但与城镇居民人均可支配收入相比，城乡居民收入绝对差值在拉大。以 2000 年以来的收入为例，2001 年城镇居民人均可支配收入和农村居民人均纯收入分别为 6 860 元和 2 366 元，城乡绝对差值 4 494 元，城乡收入比为 2.90∶1；2009 年城镇居民人均可支配收入和农村居民人均纯收入分别是 17 175 元和 5 153 元，城乡绝对差值 12 022 元，城乡收入比达到 3.33∶1。城乡收入绝对差值和城乡收入比逐年增加。2010 年开始，虽然城乡绝对差值在增加，但收入比呈下降趋势。2014 年起，统计部门以“农村常住居民人均可支配收入”代替此前的“农民人均纯收入”，实行城镇居民和农村居民统一口径。当年城镇居民人均可支配收入和农村常住居民人均可支配收入分别为 28 844 元和 10 489 元，城乡绝对差值达到 18 355 元。如果以贫困人口收入来对比，这个差值会更大，扶贫标准必然要提高。

2008 年前有两个贫困标准。第一个是 1986 年制定的 206 元的绝对贫困标准，2007 年调整为 785 元。第二个是 2000 年制定的低收入标准，当时为 865 元，2007 年调整为 1 067 元。2008 年，绝

① 中共国务院扶贫办党组：《脱贫攻坚砥砺奋进的五年》，http：//politics.people.com.cn/n1/2017/1017/c1001－29590609.html。

对贫困标准和低收入标准合二为一，统一使用 1 067 元作为贫困标准，按照购买力平价测算，相当于每天不到 1 美元，低于 2008 年每天 1.25 美元的国际贫困标准。2011 年，中共中央决定将农民年人均纯收入 2 300 元（2010 年不变价）作为新的国家贫困标准（表 1）。2015 年调整为 2 855 元，按购买力平价计算，相当于每天 2.2 美元，略高于 2015 年每天 1.9 美元的国际贫困线标准。联合国《2015 年千年发展目标报告》显示，中国极端贫困人口比例从 1990 年的 61%，下降到 2014 年的 4.2%，是全球首个实现联合国千年发展目标贫困人口减半的国家①。

表 1　改革开放以来的中国贫困标准

年份	以 2010 年不变价为标准计算（元）	国际贫困标准（美元/日）
1978	366	
1980	403	
1985	482	
1990	807	1.01
1995	1 511	
2000	1 528	
2005	1 742	1.25
2008	2 172	
2010	2 300	
2011	2 536	
2012	2 625	
2013	2 736	
2014	2 800	
2015	2 855	1.9
2016	2 952	

注：①中国历年贫困标准数据来源于《中国农村贫困监测报告》（2010—2017 年，历年；国家统计局住户调查办公室编；中国统计出版社出版）；2010 年以前数据根据历年全国农村住户调查数据、农村物价水平，按现行贫困标准测算得出。②国际贫困标准数据来源于王萍萍（2015）。

---

① 《2015 年千年发展目标报告》，http：//www.cn.undp.org/content/china/zh/home/library/mdg/mdg－report－2015。

随着农民纯收入的提高，国务院调整了国家级贫困县标准。1986 年开始认定国家级贫困县，划定标准以当地年人均纯收入作为依据，1985 年年人均纯收入低于 150 元的县、低于 200 元的少数民族自治县和低于 300 元的革命老区县被纳入国家扶持范围。1994 年制定《国家八七扶贫攻坚计划》时，重新调整了国家级贫困县的标准，将 1992 年年人均纯收入低于 400 元的县全部纳入国定贫困县扶持范围，同时规定年人均纯收入高于 700 元的原国定贫困县退出国家扶持范围。自 2001 年起，认定国家扶贫开发工作重点县的标准，主要采用“631 指数法”，即贫困人口（占全国比例）占 60％权重（其中绝对贫困人口与低收入人口分别占 80％与 20％）；农民人均纯收入较低的县数（占全国比例）占 30％权重；人均地方生产总值低的县数、人均财政收入低的县数占 10％权重。其中，人均收入以 1 300 元为标准，老区、少数民族边疆地区为 1 500 元；人均 GDP 以 2 700 元为标准；人均财政收入以 120 元为标准。

（三）扶贫对象条件越来越差

随着扶贫工作的深入推进，容易脱贫的地区和人口已经基本脱贫，剩下的大多贫困程度较深，是难啃的“硬骨头”。

从地域分布上看，大部分深度贫困地区往往处于全国重要生态功能区，生态保护同经济发展的矛盾比较突出。14 个集中连片特困区与生态脆弱地区具有较高的重合性，秦巴山区、吕梁山区、三江源地区和琼中地区限制开发区的县占据 50％以上。而且，贫困地区大部分分布在自然灾害频发的区域，有的地方“十年一大灾、五年一中灾、年年有小灾”，实现脱贫和巩固脱贫成果都存在很大不确定性。

从经济结构上看，贫困地区的经济发展受到诸多限制，县级财政收入仅能维持基本运转，很少能有多余财力支持经济发展和产业转型。贫困地区的产业项目少，以原材料加工、初级产品生产为主，缺乏核心竞争力；产业发展带动能力不足，多数仍然以农业及相关产业为主，企业规模较小、市场抗风险能力有限，即使有资源优势，也很难转变为经济优势。

从群体构成上看，贫困人口主要是残疾人、孤寡老人、长期患病者以及部分文化水平低、缺乏技能者。2013 年贫困人口建档立卡时，因病残、缺乏劳动能力致贫的占到 50%。在集中连片贫困地区，受教育等因素制约，青壮年缺乏必要的劳动培训，劳动力素质低下，自我发展能力弱。

从社会发展上看，许多深度贫困地区长期封闭，同外界脱节，由于文化传统和生活观念存在特殊性，与既有成熟扶贫模式匹配难度较大。全国 14 个集中连片的贫困地区，有 11 个在少数民族地区；120 个民族自治县当中，贫困县占 70%以上。有的少数民族是直接从原始社会或奴隶社会过渡到社会主义社会的民族（即直过民族）。这种大跨越，在脱贫过程中不仅需要资金支持，还有思想观念和生活习俗等问题需要解决。另外，许多贫困地区集革命老区、民族地区、边疆地区于一体，自然地理、经济社会、民族宗教、国防安全等问题交织在一起，加大了脱贫攻坚的复杂性和难度。

（四）扶贫成本越来越高

梳理改革开放以来的扶贫数据，一方面是扶贫资金不断增加，另一方面是贫困人口越来越少，两方面数据折射出扶贫成本在不断增高。

从扶贫投入看，中央财政从 1980 年开始针对扶贫安排专项资金，每年为 8 亿元，到 1983 年增加到 10 亿元，1 985 为 19 亿元，1988 年调整为 10 亿元，以后逐年增加，到 2000 年，扶贫专项资金为 88 亿元，2017 年达到 861 亿元，增长了 106 倍。从上述数据可以看出，扶贫资金虽然有调整，但总体上是上涨的，特别是 2010 年以来，投入大幅上涨，仅 2017 年一年的扶贫资金，就超过了过去 20 年扶贫资金的总和（1980—1999 年共投入 611 亿元）。

从减贫人数看，1978 年中国贫困人口 2.5 亿人，2000 年时减

少到 3 209 万人；2001 年，国家上调了扶贫标准，贫困人口为 9 029万人，到 2010 年时减少到 2 688 万人；2011 年，国家大幅上调了扶贫标准，贫困人口为 1.2 亿人，到 2017 年减少至 3 046 万人。虽然贫困人口数量受扶贫标准影响出现阶段性增加，但贫困人口数量总体呈下降趋势。

扶贫成本越来越高的原因主要有 4 个方面：一是扶贫标准的提高需要更多的投入。过去扶贫主要针对的是“食不果腹、衣不蔽体、房不避风雨”群体，解决贫困人口的基本生存问题；现阶段提出的是稳定实现农村贫困人口不愁吃、不愁穿，义务教育、基本医疗和住房安全有保障（即“两不愁、三保障”），同时实现贫困地区农村居民人均可支配收入增长幅度高于全国平均水平，基本公共服务主要领域指标接近全国平均水平。现阶段的脱贫不仅仅是解决温饱问题的单一脱贫，而是在义务教育、基本医疗、基本公共服务等方面全方位的脱贫，是奔向小康的脱贫。二是致贫原因多重交织需要更多的帮扶。贫困群体不仅仅收入低，刚性支出还高，往往伴随医疗、教育等问题，要解决同样数量的减贫问题，需要更多的人力、物力、财力。三是基础设施和社会事业发展需要更多的投入。深度贫困地区生存条件比较恶劣，地理位置偏远，要实现基础设施和基本公共服务主要领域指标接近全国平均水平，施工难度大，建设成本高。同时，由于农村人口大量外出务工，农村基础设施、公共服务设施靠以前政府补助、受益群众投工投劳方式很难推进。四是物资、劳动力等投入要素成本上涨，也增加了扶贫成本。

二、新时代精准扶贫方略

2013 年，习近平总书记提出精准扶贫，随后多次在讲话和报告中论述精准扶贫相关问题，从理论到实践形成了科学的精准扶贫基本方略。精准扶贫是相对于过去粗放型扶贫提出的，重点强调了扶贫工作要转向"精准"。精准扶贫不是对过去扶贫脱贫工作的否定，而是在此基础上的总结、提升与创新。既揭示了扶贫脱贫工作的规律，也指出了具体的方法与路径。

2013—2017年，精准扶贫工作取得了显著成效：一是农村贫困人口大规模减少。中国现行标准下的农村贫困人口由2012年的9 899万人减少至2017年的3 046万人，年均减少1 370万人。农村贫困发生率由2012年的10.2%下降至2017年的3.1%。二是贫困地区农民收入显著提高。贫困地区农村居民人均可支配收入年均增长10.4%，高于农村平均增速2.5个百分点。三是贫困地区社会事业得到较快发展。基础设施条件明显改善，基础教育水平明显提高，社会保障制度不断完善。

（一）精准扶贫必要性

1. 全面建成小康社会的目标要求 习近平总书记指出："农村贫困人口如期脱贫、贫困县全部摘帽、解决区域性整体贫困，是全面建成小康社会的底线任务。"① 要完成到"2020年所有贫困地区和贫困人口一道迈入全面小康社会"的目标②，每年要有1 000万以上的贫困人口脱贫，时间紧迫、任务艰巨。大量贫困人口已经脱贫后，剩下来的多是自然经济条件最差、扶贫难度最大的"硬骨头"，加之东中西部主要致贫原因差异性越来越明显，贫困户多种致贫原因叠加，帮扶个性化需求不断上涨，必须采取力度更大、针对性更强、作用更直接、效果更可持续的措施，"在精准施策上出实招、在精准推进上下实功、在精准落地上见实效"②。

2. 扶贫开发工作体制机制急需完善的现实需求 改革开放以来，在全党全社会的共同努力下，中国贫困人口数量大为减少，贫

① 参见习近平，2017，《在中共中央政治局第三十九次集体学习时的讲话》，http://www.gov.cn/xinwen/2017-02/22/content_5170078.htm。

② 习近平，2015：《在中央扶贫开发工作会议上的讲话》，载《习近平谈治国理政》，北京：外文出版社。

困发生率显著降低，扶贫工作取得巨大成就。但是，随着扶贫工作的不断推进，一些问题凸显出来。一是贫困人口底数不清、情况不明。由于过去贫困人口数据是通过农村住户抽样调查后推算获得，对于具体贫困户、贫困人口的帮扶存在许多盲点，一些真正的贫困农户、贫困人口没有得到帮扶。二是扶贫资金和项目指向不准。“大水漫灌”的粗放式扶贫方式，使得资金和政策已经很难渗透到剩下的贫困人口。扶贫实际上更多的是在扶农。三是帮扶责任未压实。驻村工作队没有脱产驻村，帮扶办法不多，没有很好履行驻村工作职责。四是退出机制不畅通。由于贫困县、贫困户能享受国家扶贫优惠政策，一些贫困县、贫困户虽已脱贫却不愿摘帽。出现这些问题，说明扶贫工作体制机制存在漏洞，影响了扶贫效果和进程，需要对现有体制机制及具体扶贫措施进行补充和完善。

（二）精准扶贫主要内容

习近平总书记在多次考察工作时强调“扶贫开发贵在精准、重在精准、成败之举也在于精准”①，由此可见，精准扶贫的核心要义在于精准，其目的就是要解决好“扶持谁”“谁来扶”“怎么扶”的问题，做到“扶真贫、真扶贫”。精准扶贫是针对不同贫困户、不同贫困区域情况，运用差别化和有效的方式对扶贫对象实施精确识别、精确帮扶、精确管理、精准考核的治贫方式。

1. 精准识别　把贫困人口识别出来，找准致贫原因，才能有针对性地进行帮扶，这是精准扶贫的前提。一是识别贫困人口。通过入户调查等多项举措，把真正的贫困人口识别出来，并建档立卡。二是摸清致贫原因。贫困户的致贫原因既有共性原因，如贫瘠的资源、频发的灾害、落后的基础设施和公共服务等；也有具体原

① 《精准，在习近平的扶贫观里有多重要?》http：//www.xinhuanet.com/politics/2015-12/08/c_128510390.htm。

因，例如，有的是因病残致贫、有的是因缺资金缺技术致贫、有的是因学致贫、有的是因缺劳动力致贫等。查找致贫原因实际上就是要找到“贫根”，以便更好地对症下药、靶向治疗。

2. 精准施策 在准确识别贫困人口的基础上，进行更有针对性的帮扶，这是实现精准扶贫的关键。一是根据致贫原因，结合当地实际，设计帮扶策略。坚持因人因地施策、因贫困原因施策、因贫困类型施策，重点是通过发展生产脱贫一批、灾后重建帮扶一批、低保兜底脱贫一批、转移搬迁安置脱贫一批、医疗救助脱贫一批。二是根据贫困人口需求进行帮扶。贫困户、贫困人口致贫原因不同，需要采取不同的帮扶措施；致贫原因相同，按照其意愿也可能需要不同的帮扶。比如同样是缺资金缺技术，贫困户、贫困人口有的是想通过发展生产提升收入，有的是想通过务工来获得技术和收入。只有结合扶贫对象的需要进行帮扶，最大限度地调动扶贫对象的积极性，才能提高有限扶贫资源的使用效率。

3. 精准管理 确保扶持对象精准、项目安排精准、资金使用精准、措施到户精准、因村派人（第一书记）精准、脱贫成效精准，是实现精准扶贫的保障。一是在精准识别的基础上建立贫困村、贫困户帮扶信息档案。二是结合实际，科学确定扶贫项目和资金，跟踪贫困村、贫困户帮扶情况，确保贫困村、贫困户得到有效扶持。三是结合扶贫单位职业特点和扶贫人员的专长，因村派人、因材派人，发挥驻村第一书记的职业优势和专业特长。四是根据收入支出情况，对贫困户、边缘户进行实时监测，实现稳定脱贫人口及时退出、新出现的贫困人口及时纳入。

4. 精准考核 精准扶贫必须发挥考核指挥棒作用，通过对扶贫工作情况进行量化考核，把求真务实的导向立起来，确保扶持到最需要扶持的群众、扶持到群众最需要扶持的地方，这是提升精准扶贫成效的手段。一是完善指标体系。结合本地区实际，科学设置考核指标，包括政策执行情况、扶贫效果、资源投入、综合绩效等。二是综合运用各种考核方式，比如听取汇报、实地踏查、调查

问卷、第三方评估等，力求将真实的情况收集上来。三是强化结果运用，将考核结果作为奖惩依据，树立起奖罚分明的鲜明导向。

（三）精准扶贫制度保障

1. 形成了完整的精准扶贫制度体系 在习近平精准扶贫基本方略指引下，中国精准扶贫实践不断深入推进。自2013年底以来，中共中央、国务院先后印发了《关于创新机制扎实推进农村扶贫开发工作的意见》《关于打赢脱贫攻坚战的决定》《“十三五”脱贫攻坚规划》等重大指导性文件，相关部委先后出台了多项政策配套文件，包含产业扶贫、转移就业扶贫、易地搬迁扶贫、教育扶贫、救济式扶贫、生态扶贫和资产收益扶贫7个方面的精准政策，完善了贫困治理体制机制，制定了贫困县的约束退出机制、督查巡查制度、省级党委政府扶贫成效的考核办法，明确了精准扶贫的目标任务、主要政策、保障措施等，精准扶贫的“四梁八柱”顶层设计基本构成。

2. 构建了全覆盖的脱贫攻坚层级责任体系 精准扶贫实行中央统筹、省（自治区、直辖市）负总责、市（地）县抓落实的工作机制。中共中央、国务院主要负责统筹制定扶贫开发大政方针，出台重大政策举措，规划重大工程项目。省（自治区、直辖市）党委和政府对扶贫开发工作负总责，抓好目标确定、项目下达、资金投放、组织动员、监督考核等工作。市（地）党委和政府做好上下衔接、域内协调、督促检查工作。县级党委和政府承担主体责任，书记和县长是第一责任人，做好进度安排、项目落地、资金使用、人力调配、推进实施等工作。省、市、县、乡、村五级书记分级负责，一级抓一级，层层抓落实。

3. 形成了政府主导、多元参与的扶贫新格局 扶贫开发是一项复杂的社会系统工程，不能仅仅依靠政府单一力量来推动脱贫攻坚，需要社会各界广泛参与和支持，凝聚起强大的扶贫工作合力。一是构建了政府、社会、市场协同推进的大扶贫格局。在政府引导下，通过搭建平台、政策支撑，积极发挥市场对收入分配的调节作用，推动要素向贫困地区配置，激发贫困地区发展潜能；发挥社会扶贫的聚力效应，引导社会力量广泛参与扶贫开发，激发贫困群众内生动力。二是形成了跨地区、跨部门、跨单位，全社会共同参与的多元主体的社会扶贫体系。强化东西部扶贫协作，开展市县结对、部门对口帮扶。鼓励民营企业积极承担社会责任，支持社会团体等各类社会组织积极参与扶贫开发。完善领导联系帮扶贫困地区、“单位包村、干部包户”和驻村工作制度。

三、长期稳固脱贫建议

党和政府历来高度重视扶贫开发工作。特别是改革开放以来，中国实施大规模扶贫开发，取得了举世瞩目的伟大成就，谱写了人类反贫困历史上的辉煌篇章，为全球减贫事业作出了重大贡献。随着扶贫开发工作的不断深入，扶贫对象越来越精准，扶贫标准越来越高，扶贫对象条件越来越差，扶贫成本越来越高。另外，“随着社会主义市场经济和城镇化战略深入推进，贫困地区的人口结构、经济结构和社会结构都在发生变化，扶贫开发工作主体以及环境、条件、标准、对象、内容、范围、方式、路径等也在发生变化”（王灵桂、侯波，2018）。这使得精准扶贫方略的提出成为一种现实需要。

在精准方略下，扶贫工作更具针对性，更具成效。只要继续坚持精准方略，2020 年完成阶段性脱贫目标就有了可靠保证。但是，在当前脱贫攻坚已经进入关键冲刺时期的情况下，扶贫工作需要更加重视脱贫稳定性的问题。“如果那些已经脱贫的人能永久性地摆脱贫困，并且新的贫困人口不再出现，那么消除贫困的任务就相对简单了”（世界银行、东亚及太平洋地区扶贫与经济管理局，2009）。为此，必须搞好“五个结合”，即：产业脱贫必须尽快与乡村振兴战略相结合、就业搬迁脱贫必须与新型城镇化相结合、教育

医疗脱贫必须同提高公共服务水平相结合、深度贫困地区脱贫必须同基础设施建设相结合、扶贫措施必须与保障政策相结合。针对上述分析，本文对今后的长期稳固脱贫提出如下建议：

（一）依据实际情况科学选择脱贫方式

2017年底，全国扶贫工作会议确定了“由关注脱贫速度向保证脱贫质量转变，由开发式扶贫为主向开发式扶贫与保障式扶贫并重转变”①。但扶贫政策的制定要基于贫困地区的经济社会发展条件和实际状况。全国31个省（自治区、直辖市）的情况各有不同，不能“一刀切”地迅速由开发式扶贫为主向开发式扶贫与保障式扶贫并重转变，应当在科学统计分析的基础上，做细化区分。笔者通过对全国31个省（自治区、直辖市）2017年GDP、农村居民年收入的平均数和中位数、贫困发生率等数据的统计分析，得出各省（自治区、直辖市）脱贫难度系数（表2）。

表2　脱贫难度系数分析

序号	省份	人均GDP（元）	农村居民人均可支配收入（元）	贫困发生率（%）	不均衡系数	脱贫难度系数
1	北京	129 000	24 240	—	5.4	—
2	上海	124 600	27 825	—	0	—
3	天津	120 200	20 076	—	0.1	—
4	江苏	107 189	19 158	—	11.4	—
5	浙江	92 057	24 956	—	3.4	—
6	福建	82 976	16 335	—	8	—
7	广东	81 089	15 780	—	6.7	—
8	重庆	63 689	12 638	1.1	2.9	1.5
9	辽宁	54 745	13 747	1.1	5.9	2.1

① 参见国务院扶贫开发领导小组办公室，2017，《全国扶贫开发工作会议强调牢记初心坚定信心　全面打好精准脱贫攻坚战》，http：//www.cpad.gov.cn/art/2017/12/29/art_624_75961.html？from=timeline。

（续）

序号	省份	人均 GDP（元）	农村居民人均可支配收入（元）	贫困发生率（%）	不均衡系数	脱贫难度系数
10	四川	44 651	11 252	2.6	3.1	2.7
11	山东	72 851	15 118	0.1	13.5	2.8
12	海南	48 430	12 902	1.6	10.2	3.3
14	河北	47 985	12 881	2.1	9.3	3.5
13	吉林	56 102	12 950	1.3	13.1	3.7
15	安徽	44 206	12 758	2.2	10.3	3.8
16	河南	47 130	12 719	2.6	9.1	3.9
17	江西	45 187	13 242	2.4	12.2	4.4
19	湖南	50 563	12 936	3.9	8.1	4.7
20	山西	40 557	10 788	3.9	8.3	4.8
18	黑龙江	42 699	12 665	1.6	19.2	5.1
21	内蒙古	63 786	12 584	2.6	16.7	5.4
22	宁夏	50 917	10 738	5.9	5.3	5.8
23	湖北	62 061	13 812	5.1	12.2	6.5
24	广西	41 955	11 325	6.6	8	6.9
25	陕西	57 266	10 265	7.6	6.6	7.4
27	贵州	37 956	8 869	7.7	9.5	8.1
26	云南	31 265	9 020	10.1	3.3	8.7
28	青海	44 348	9 462	8.1	16	9.7
29	甘肃	29 326	8 076	9.6	13.4	10.4
30	西藏	39 259	10 330	12.4	9.8	11.9
31	新疆	45 099	11 045	10.7	22.5	13.1
	平均	61 262.7	13 887	4.7	9.1	

注：①各省份人均 GDP、农民人均可支配收入数据来源于各省份 2018 年初的政府工作报告。
②各省份贫困发生率数据来源于各省统计公报。
③不均衡系数由农民人均可支配收入与收入中位数计算得到，反映了二者之间的离散程度。
④脱贫难度系数由贫困发生率加权 80%、不均衡系数加权 20%得到，对贫困发生率有一定矫正性作用。

各省份根据其脱贫难度系数的不同，可以选择不同的脱贫方式。脱贫难度系数低于 4.0 的省份，在做好开发式扶贫的同时，要

加快研究综合性保障兜底扶贫政策。这些省份本身发展条件相对较好，相比深度贫困地区没有特别恶劣的自然条件，GDP和农民人均收入均处于中游水平，贫困发生率均低于3%。未脱贫人口中相当大比例是因为重大疾病、年老体弱致贫，只具备部分劳动能力或者无劳动能力，很难通过发展产业、就业等途径脱贫。这种情况的省份，可以由开发式扶贫逐步向保障式扶贫过渡。以吉林省为例，贫困发生率为1.3%，在全国范围内处于较低的水平。截至2017年底，有建档立卡贫困人口18.3万人，其中，因病致贫的占73.2%，因残致贫的占12.7%；无劳动能力（包括丧失部分劳动力和无劳动力）的达12.91万人，占70.71%；60周岁及以上的占50%，16周岁（不含）以下的占6.25%；全省无劳动能力的非健康贫困人口共9.4万人、6.3万户，占比分别为51.4%、64.3%。这部分贫困户基本上处于“有心无力”“无能为力”状态，更多地要靠帮扶、救助等兜底性保障才能摆脱贫困。笔者认为，脱贫难度系数低于4.0的9个省份的基本情况与吉林省有很大的相似性。当特殊贫困群体占比达到80%左右或无劳动能力贫困群体占比达到70%左右时，产业、就业等开发式扶贫方式就将呈现“一增两降”趋势，即成本骤增、政策边际效应骤降、扶贫收益骤降。脱贫攻坚工作应当由以产业为主的开发式扶贫转入以兜底为主的保障性扶贫阶段。因此，综合各方面因素，这部分一般性贫困省份应当着手研究综合性保障兜底政策，由开发式扶贫逐步向保障式扶贫过渡。

脱贫难度系数在4.0～7.0的省份，应当保持保障式扶贫与开发式扶贫并重。这部分省份的GDP全国排名跨度比较大，从第9～27均有分布。共同之处在于，这部分省份与可以向保障式扶贫转变的省份相比，或贫困发生率比较高，或不均衡系数比较高，或二者兼而有之，导致脱贫难度系数升高。这表明，这些省份不仅贫困人口数量相对较大，而且收入差距较大。如果结合农村经济发展情况进一步分析，可以看出，这部分省份一方面在产业开发扶贫方面还有空间，相当数量的贫困人口还可以通过精准的产业帮扶政策，激发其脱贫内生动力，实现收入稳步提升；另一方面对于确实没有劳动能力或没有完全劳动能力的贫困人口，要积极探索有效的综合保障兜底政策，推动社保、低保、医保以及扶贫等各方面兜底政策的统筹。

脱贫难度系数高于 7.0 的 7 个省份，仍然要加大扶贫开发力度。全国还有约 120 个深度贫困县，其贫困发生率超过 18%；2.98 万个深度贫困村，其贫困发生率超过 20%。这些县、村主要分布在 7 个脱贫难度系数高于 7.0 的省份。这些地区贫困人口的“贫困程度深且长期陷于贫困状态”，没有区位优势或者优势不明显，自然条件恶劣，基本公共服务严重落后于全国平均水平，应坚持以开发式扶贫为主。同时要对现有贫困人口的年龄结构、身体状况、受教育状况及这些人口的分布情况等进行更加精准的统计和分析，针对这些情况制订有效的帮扶措施，全方位跟进扶贫进程。

（二）脱贫攻坚要与当前政策措施相结合

脱贫攻坚是一项系统工程，单靠某一部门、某一方面政策无法从根本上解决贫困问题，必须整合各类资源，相互支撑、相互配合、有机衔接。

产业脱贫要与乡村振兴战略相结合。“没有农村地区的脱贫，就没有乡村振兴”① “扶贫攻坚要为未来的乡村振兴奠定坚实的基础，积累有益的经验”（魏后凯，2018）。发展产业是实现脱贫的根本之策，是巩固脱贫成果、振兴乡村的重要保障。未来两年多的时间，是中国精准脱贫攻坚和乡村振兴战略实施并存和交汇的特殊时期，要以乡村振兴战略的新要求充实脱贫攻坚目标任务，实现脱贫产业高质量发展。一是发展具有可观前景与巨大潜力的产业，夯实乡村振兴战略基础。“当前，农业农村经济已进入高质量发展的新

---

① 参见中共中央国务院，2018，《关于实施乡村振兴战略的意见》，http://cpc.people.com.cn/n1/2018/0205/c64387-29804981.html。

时代，需要有新的动能来推动”（陈晓华，2018），应当引导和支持农业朝着新产业、新业态、新模式蓬勃发展，改善农业生态系统，恢复和提升农村生态环境，增强农业可持续发展能力。推动农业向二三产业延伸，提高农产品的附加值，拓展传统农业的发展空间。结合本地资源禀赋、市场潜力等，因地制宜发展高效特色产业、农产品加工业、农村现代服务业、农村劳务经济，逐步扩大优势产业发展规模，发展上下游相关产业，实现乡村经济持续快速增长。二是继续筑牢产业发展基础，实现“产业兴旺”。当前的产业扶贫项目多数还处在发育成长阶段，离开扶贫政策难以可持续发展，进而会影响脱贫成果巩固。要继续对现有产业扶贫项目提供资金和政策支持，确保其安全渡过成长期。统筹兼顾培育合作社等新型农业经营主体，把有劳动能力的人员放到产业链中，提升组织化程度和抗风险能力。强化致富带头人培育，充分发挥他们对周边农民的辐射、示范和带动作用。

就业搬迁脱贫要与城镇化相结合。农村贫困人口转移就业是加快城乡融合的一项有力举措，易地搬迁脱贫也是现阶段城镇化建设的一个路径选择，不仅能够改善发展环境、增强发展动力，也有助于推进城乡发展一体化。要找准就业搬迁脱贫和城镇化的结合点，实现共同发展。一是吸纳有劳动能力和意愿的贫困人口向城镇转移就业。结合城镇建设发展需求，增设公共设施维护、保洁等公益性岗位，优先保障符合条件的贫困户就业。加强贫困人口职业技能培训，让他们掌握融入城市生活的基本技能，促进贫困人口稳定就业和有序实现市民化。二是以城镇化发展带动易地搬迁扶贫。城镇资源要素相对集中，基础设施和公共服务较为完备，就业空间较大。将易地扶贫搬迁户集中安置到城镇及近郊，既能减少基础设施等方面的投入，也有利于搬迁户在城镇就业。三是以扶贫搬迁助推城镇化发展。除城镇集中安置外，易地搬迁集中安置的村庄多数经济发达或发展潜力大、交通便利，区位优势明显，可以借助易地搬迁带来的人流、物流和消费潜力，加快城镇化进程。利用好易地扶贫搬迁土地“增减挂钩”政策，将腾退节约的农村建设用地指标用于城镇开发。

教育、医疗脱贫要与提升国家公共服务水平相结合。当前尚未脱贫人口中，因病、因教致贫所占比例还比较高。在对贫困地区、贫困人口开展教育、医疗精准帮扶时，一方面要注意不能通过对贫困人口特殊照顾使其受教育水平、医疗水平高于非贫困户，产生新的不平衡；另一方面要结合国家在教育、医疗方面现有的普惠性政策措施，着力提升农村整体医疗和教育服务保障水平，让大家成果共享。一是以基本公共卫生服务实现均等化为目标，提升农村医疗卫生服务水平。加大基层医疗卫生机构建设力度，优化县、乡(镇)、村三级医疗卫生服务网络，完善重大疾病防控、妇幼健康、计划生育等公共卫生服务网络，让农民就近看病，减少医疗费支出。开展县乡医疗卫生服务一体化改革，实现资源整合，提高医疗效率。二是大力发展农村教育事业，实现基本公共教育服务水平接近全国平均水平。改善义务教育薄弱学校基本办学条件，扩大农村普惠性学前教育资源，加强寄宿制学校建设，健全学生资助制度，实施农村义务教育营养改善计划。完善有利于乡村教师安心从教的激励机制，推进师资交流合作，促进优质教育资源共建共享。

深度贫困地区脱贫要与基础设施建设相结合。深度贫困地区大多位置偏僻，基础设施建设“欠账”太多，道路不通，设施不全，通讯不畅，已不能满足当地人民群众日常生产和生活的需要，特别是在全面建成小康社会进入决胜阶段，加快完善基础设施建设已成为贫困地区打赢脱贫攻坚战的重要环节。一是着力推进深度贫困地区基础设施建设。优先安排和实施基础设施建设项目，加快道路、水利、通信等基础设施建设，为脱贫攻坚打下坚实基础。二是加强贫困地区农村人居环境整治。完善农村生活垃圾治理、卫生厕所改造、生活污水处理等基础设施建设，不断提升农村环境品质，提高农村居民生活质量。三是加大资金倾斜力度。统筹使用各级各类扶贫资金并向基础设施建设项目倾斜。鼓励更多社会资本参与农村基础设施改善，引导企业、社会组织、个人等通过结对帮扶等方式支持当地建设，改善深度贫困地区发展条件。

扶贫措施要与各种保障政策相结合。在脱贫过程中，有部分无法依靠产业就业帮扶脱贫的贫困人口，主要为完全丧失劳动能力和部分丧失劳动能力人群，需要通过社会保障来兜底。这部分贫困人口因致贫原因不同，在脱贫过程中要涉及养老、医保、低保、社会救助等各类保障政策。有的贫困人口多重致贫原因叠加，需要采取多种保障措施。这就需要扶贫措施与现行社会保障制度有效衔接，并在脱贫中实现各种保障政策有机结合，避免出现保障缝隙或交叉重叠等问题。一是加强标准统筹衔接。不仅让贫困人口在收入标准上达到贫困线，满足吃饭、穿衣基本生活需求，还要实现教育、医疗等基本公共服务保障，改善住房等生产生活条件，达到“两不愁、三保障”目标。二是实行养老保险和低保相结合的动态补差机制。在贫困人口社会保险应保尽保基础上，养老保险收入低于扶贫标准时由低保补齐，高于扶贫标准后退出低保。三是整合各类救助政策。加大对农村贫困人口医疗救助、临时救助等救助力度，将遭遇突发性、临时性生活困难的群众纳入救助范围，防止发生因突发性困难致贫返贫现象。

（三）强化体制机制保障

经过长时间努力，中国已经建立了相对完善的精准扶贫体制机制，但是随着脱贫攻坚任务的不断深入，有些制度机制还不能完全适应稳固脱贫的任务要求，扶贫主体之间的职责分工、扶贫主体与脱贫主体的责权划分都还不够明确，需要进一步完善体制机制，为长期稳定脱贫提供制度保障。

扶贫体制机制要纵向延伸。按照中共中央关于脱贫攻坚的整体部署，中央统筹、省负总责、市县抓落实。但是，乡镇和贫困村脱贫攻坚责任的相关制度机制还不够完善。在贫困村脱贫包保帮扶的体系中，“两委”、第一书记、扶贫工作队、贫困户帮扶责任人、包保单位都是贫困村脱贫致富的重要力量，但各扶贫力量的资源统筹、职责划分体制机制还需进一步完善，实现力量整合、“1+1>2”的目标。应建立合理体制机制，进一步明晰责任，实现人力、物力、财力等资源的优化配置。

在明确各扶贫主体责任的同时，也不能忽视对贫困户自身的激励和约束。贫困户由于自身发展能力弱，才会成为贫困户，需要外部帮扶。但在帮扶的过程中，有的贫困户宁愿“等靠要”也不愿劳动致富，或者为了享受扶贫福利而不愿脱贫。2016 年 4 月，中共中央办公厅、国务院办公厅印发了《关于建立贫困退出机制的意见》，对贫困户、贫困村、贫困县退出的标准、程序和相关要求作出规定。在此基础上，一是建立贫困户退出的奖励制度，对已符合退出条件的贫困户，可根据扶贫成效给予奖励，提高其退出的积极性。目前，吉林省部分县（市、区）进行了积极探索，通过会议表彰、物质奖励等，树立以脱贫为荣的导向，贫困户的思想发生了变化，从“要我脱贫”变成“我要脱贫”。二是建立贫困户退出后的帮扶机制。对刚刚脱贫的农户和个人，在一段时间内，应继续对其进行跟踪观察，支持其稳定发展，防止短时间内返贫，真正实现可持续脱贫的目标。

扶贫体制机制要横向贯通。目前在涉及脱贫攻坚的各项要素中，社保、低保、医保以及扶贫政策制定等分属不同部门管理，执行标准、保障对象、管理方式等很多方面都有较大差异，在实际执行中影响保障兜底的质量，甚至产生一些保障兜底的真空地带。比如，根据国家农村低保与扶贫政策相衔接的指导意见，要求应扶尽扶、应保尽保，即将符合条件的农村低保对象全部纳入建档立卡范围、将符合条件的建档立卡贫困户全部纳入农村低保范围。但从实际情况来看，受限于两种政策之间的执行标准等障碍，大部分地区处于 1/3 的低保户能够进入建档立卡户、2/3 的建档立卡户纳入低保的程度上。在医疗保险政策方面，不少地方探索通过新农合基本医保、大病保险、医疗救助、大病兜底等多种方式，为贫困患者医

疗费用进行兜底。但这样的做法是在国家现有顶层设计统筹度不够的情况下作出的探索，实际操作中手续烦琐、程序复杂，效率不够高。因此，在向保障式扶贫转变的过程中，要以保障贫困户、贫困人口的基本生活为目标，打破部门间的政策壁垒，加强对农村社会保险、低保、医疗保险、子女教育救助等政策与扶贫开发政策相衔接的顶层设计，强化政策统筹，制定出台综合性保障方面的指导意见，推进低保政策、社保政策与扶贫政策在对象、标准、管理等方面的有效衔接，实现各项政策相衔接、可共享。可鼓励地方进行政策统筹的创新探索。在加强顶层设计的同时，要允许地方进行政策探索，因地制宜创新工作思路和方法，总结成功经验和做法，上升为制度安排。

创造新时代高质量发展新辉煌

黄守宏

刚刚闭幕的十三届全国人大一次会议审议通过了李克强总理代表国务院所作的《政府工作报告》（以下简称“报告”）。报告深入贯彻习近平新时代中国特色社会主义思想和中共十九大精神，贯彻以习近平同志为核心的党中央的重大决策部署，系统总结了过去5年的工作，明确提出2018年推动经济社会发展的总体要求、政策取向和重点任务，是做好2018年政府工作的纲领性文件。

一、过去5年我国取得了人民自豪、世界惊羡的伟大成就

过去5年是我国发展进程中极不平凡的5年。国内外诸多矛盾交织叠加，各种风险挑战接踵而至，很多情况是改革开放以来没有碰到过的。在以习近平同志为核心的党中央坚强领导下，经过各方面共同努力，我国经济社会发展取得了历史性成就、发生了历史性变革。

5年来，我国经济实力跃上新台阶，国内生产总值从54万亿元增加到82.7万亿元，累计实际增幅超过40%，占世界经济比重从11.4%提高到15%左右，对世界经济增长的贡献率超过30%；财政收入从11.7万亿元增加到17.3万亿元，增长近48%。经济结构出现重大变革，消费贡献率由54.9%提高到58.8%，服务业比重从45.3%上升到51.6%，经济增长实现由主要依靠投资、出口拉动转向依靠消费、投资、出口协同拉动，由主要依靠第二产业

带动转向依靠三次产业共同带动。创新驱动发展成果丰硕，重大科技创新成果不断涌现，新技术、新产品、新产业、新业态快速成长，创新指数在全球排名大幅跃升。改革开放迈出重大步伐，主要领域改革主体框架基本确立，“一带一路”建设成效显著，对外贸易和利用外资结构优化、规模稳居世界前列。人民生活持续改善，贫困人口减少 6 800 多万，贫困发生率从 10.2%下降到 3.1%；城镇新增就业连续 5 年保持在 1 300 万人以上，失业率保持在较低水平；居民收入年均增长 7.4%，居民收入增速超过经济增速，农村居民收入增速超过城镇居民收入增速，形成了世界上人口最多的中等收入群体；居民消费价格年均上涨 1.9%，处在国际公认的物价涨幅 2%左右的理想水平；织就全世界最大的社会保障网；棚户区和危房改造使上亿人喜迁新居。生态环境状况逐步好转，单位国内生产总值能耗、水耗均下降 20%以上，主要污染物排放量持续下降。过去 5 年取得的全方位、开创性成就，发生的深层次、根本性变革，在我国发展史上写下了浓墨重彩的篇章。放眼全球，中国经济发展卓尔不群、独领风骚。

在国内外形势极其错综复杂的环境中，过去 5 年我国能取得如此巨大的成就，充分说明以习近平同志为核心的党中央具有无与伦比的领导力、创造力、感召力，充分显示了习近平新时代中国特色社会主义思想的强大威力，也再次表明任何艰难险阻都挡不住中国发展前行的步伐。

在推动发展过程中，我们按照以习近平同志为核心的党中央的决策部署，深入贯彻新发展理念，锲而不舍激发活力、增添动力、释放潜力。一是坚持稳中求进工作总基调，着力创新和完善宏观调控。面对世界经济复苏乏力和国内经济下行压力持续加大的严峻挑战，我们既没有走传统的粗放发展老路，也没有搞“大水漫灌”式强刺激，而是适应把握引领经济发展新常态，着眼解决结构性矛盾和总量问题，在区间调控基础上加强定向调控、相机调控、精准调控。积极的财政政策力度加大，增加的财政赤字主要用于减税降费，5 年累计减轻市场主体负担超过 3 万亿元。稳健的货币政策保持中性，既加强对实体经济的支持，又防止货币供应过于宽松而产生后遗症。经过艰苦努力，我国经济实现稳中向好，呈现出增长与质量、结构、效益相得益彰的良好局面。二是坚持以供给侧结构性改革为主线，着力推动经济结构加快优化升级。坚持用改革的办法推进结构调整，在“破”“立”“降”上狠下功夫。扎实推进“三去一降一补”。实施“互联网＋”“中国制造 2 025”等战略，培育壮大新兴产业，改造提升传统产业。推进简政放权、放管结合、优化服务改革，降低制度性交易成本和生产经营成本。三是坚持推进改革开放创新，着力激发市场活力和社会创造力。全面深化改革，坚决破除体制机制弊端。广泛开展大众创业、万众创新，各类市场主体 5 年增加 70%以上。加快构建开放型经济新体制，深入实施创新驱动发展战略。实施区域协调发展和新型城镇化战略，新的增长极、增长带加快成长。四是坚持以人民为中心的发展思想，着力保障和改善民生。全面推进精准扶贫、精准脱贫。积极扩大就业。推动教育、文化、卫生、体育、社保等事业发展，促进基本公共服务均等化。加强环境污染治理，努力提供优质生态产品。

二、以改革创新精神大力推动新时代高质量发展

在综合分析国内外形势基础上，根据需要和可能，报告提出了 2018 年发展的主要预期目标。这些目标与 2017 年相比总体没有变化，有的作了适当调整。2018 年国内生产总值预期增长 6.5%左右，与 2017 年预期目标持平。这体现了推动高质量发展的导向，也符合全面建成小康社会目标要求。2018 年首次把全国城镇调查失业率纳入预期目标，主要是考虑这一指标涵盖农民工等城镇非户籍人口，能够更加全面准确地反映就业状况。

2018 年是党和国家事业发展进程中具有重大意义的一年。做

好 2018 年工作，要认真贯彻落实习近平新时代中国特色社会主义思想，坚持稳中求进工作总基调，继续创新和完善宏观调控，保持宏观政策的连续性、稳定性。积极的财政政策要聚力增效，稳健的货币政策要松紧适度。加强政策协调配合，保持经济运行在合理区间，推动经济结构优化升级。加大改革开放力度，推动新时代高质量发展取得新的更大成效。

深入推进供给侧结构性改革。做大做强新兴产业集群，加快改造提升传统产业，使新动能更快更好发展壮大。加快制造强国建设，推动先进制造业发展，全面开展质量提升行动，来一场中国制造的品质革命。坚持用市场化法治化手段化解过剩产能，淘汰落后产能。围绕改善营商环境和解决群众办事难的问题，深化“放管服”改革。进一步降低企业税费负担，全年再为企业和个人减税 8 000多亿元，减轻市场主体非税负担 3 000 多亿元。

加快建设创新型国家。加强国家创新体系建设，强化基础研究、应用基础研究和原始创新，推动创新成果加快转化应用。推进科技创新，关键是调动科技人员的积极性。要抓紧修改废止有悖于激励创新的陈规旧章，下决心砍掉有碍于释放创新活力的繁文缛节。要促进大众创业、万众创新上水平，把各类创新主体的潜能充分释放出来，跑出中国创新“加速度”。

深化基础性关键领域改革。围绕做强做优做大国有资本，推进国有企业优化重组和央企股份制改革。支持民营企业发展，坚决破除各种隐性壁垒。以保护产权、维护契约、统一市场、平等交换、公平竞争为基本导向，完善产权制度和要素市场化配置机制。深化财税体制改革，合理划分中央与地方财政事权和支出责任，健全地方税体系，改革个人所得税。围绕增强服务实体经济能力特别是解决好小微企业融资难、融资贵的问题，深化金融体制改革。推进社会体制改革。健全生态文明体制。

坚决打好三大攻坚战。一要推动重大风险防范化解取得明显进展。加强金融风险防控，严厉打击金融违法犯罪活动，加快市场化、法治化债转股和企业兼并重组，强化金融监管。防范化解地方债务风险，落实各级地方政府主体责任，积极稳妥处置存量债务，健全规范地方政府举债融资机制。二要加大精准脱贫力度。2018年再减少农村贫困人口 1 000 万以上，强化对深度贫困地区的精准支持，强化对特定贫困群众的精准帮扶。三要推进污染防治取得更大成效。巩固蓝天保卫战成果，深入推进水、土壤污染防治，加强生态系统保护和修复。

大力实施乡村振兴战略。制定乡村振兴规划，推进农业供给侧结构性改革，加大农业结构调整力度，培育新型经营主体，促进农村一二三产业融合发展。全面深化农村改革，落实第二轮土地承包到期后再延长 30 年的政策，探索宅基地所有权、资格权、使用权分置改革。推动农村各项事业全面发展，健全乡村治理体系。

扎实推进区域协调发展战略。着眼塑造区域发展新格局，加强对老少边穷地区的支持，落实京津冀协同发展，长江经济带发展和西部开发，东北振兴、中部崛起、东部率先发展战略，出台实施粤港澳大湾区发展规划纲要。新型城镇化的核心在人，报告围绕人这一核心，对提高新型城镇化质量作出部署。2018 年全国实现再进城落户 1 300 万人。优先发展公共交通，健全菜市场、停车场等便民服务设施，有序推进“城中村”、老旧小区改造，加强精细化服务、人性化管理。

积极扩大消费和促进有效投资。扩大内需是我国发展的战略基点。要增强消费对经济发展的基础性作用，改善消费环境，发展消费新业态、新模式，支持社会力量增加服务供给。发挥投资对优化供给结构的关键性作用，落实鼓励民间投资的政策措施，营造稳定、透明、公平的投资环境。

推动形成全面开放新格局。以推进“一带一路”建设为重点，扩大国际产能合作，加大西部、内陆和沿边开放力度。围绕促进外商投资稳定增长，建设国际一流营商环境，大幅放宽市场准入，提高外商投资便利化水平。为巩固外贸稳中向好势头，报告在提出促

进出口举措的同时，要求积极扩大进口。报告强调，中国主张通过平等协商解决贸易争端，反对贸易保护主义，坚决捍卫自身合法权益。

提高保障和改善民生水平。报告聚焦群众最关切最烦恼的事，提出一系列保障和改善民生的重要举措。着力促进就业创业，做好高校毕业生等重点群体就业工作。从促进居民增收和减轻税负两个方面提出提高居民收入水平的措施，既有使所有群体都受益的普惠性措施，也有针对特定群体的措施。在发展公平而有质量的教育方面，强调教育投入继续向困难地区和薄弱环节倾斜，降低农村学生辍学率、消除城镇“大班额”、解决中小学生课外负担重问题，并对增加学前教育资源供给、优化高等教育结构等提出了要求。在实施健康中国战略方面，从加强“防”与“治”两个方面作出部署，包括提高基本医保和大病保险保障水平，推进分级诊疗和家庭医生签约服务，创新食品药品监管方式，开展全民健身。要求更好地解决群众住房问题，加快建立多主体供给、多渠道保障、租购并举的住房制度。报告还部署了强化民生兜底保障、打造共建共治共享社会治理格局等工作。

充分发挥市场监管职能作用
积极促进农村农业加快发展

马正其

习近平总书记深刻指出，“做好‘三农’工作对有效应对各种风险挑战、确保经济持续健康发展和社会大局稳定具有重大意义”。国家市场监督管理总局组建完成后，扩大了服务“三农”领域，丰富了服务“三农”方式。要深入领会、认真贯彻习近平总书记关于做好“三农”工作的重要指示和重要讲话精神，充分认识服务“三农”的重大意义，充分发挥市场监管职能作用，积极促进乡村振兴战略深入实施，积极促进农业农村加快发展。

一、大力发展农民专业合作社，增强农村经济发展内生动力

中共十九大强调“要重视培育家庭农场、农民合作社等新型经营主体”。农民专业合作社是自愿联合、民主管理的互助性经济组织，是推进农业产业化、集约化的重要载体之一。要进一步加大支持力度，促进农民专业合作社加快发展。一是深化商事制度改革，便捷农民专业合作社准入和退出。实施流程再造，大力推行“一窗受理、并行办理”。简化登记程序，广泛推行登记全程电子化应用，努力提升无纸化、智能化程度，进一步精简登记文书表格材料。将农民专业合作社纳入简易注销试点范围，大幅减少注销登记材料，通过国家企业信用信息公示系统免费公示公告，公告时间由 45 天压至 20 天。二是鼓励发展农民专业合作社联社。支持农民专业合

作社跨地域、跨所有制、跨行业开展经营服务，拓宽服务领域，增强服务能力，提高农业生产经营的组织化程度。支持发展一村一品、一乡一业，支持农民以产业和产品为纽带组建农民专业合作社，鼓励农民专业合作社组建联合社。积极发展农机社会化服务，培育农机专业户、合作社等，鼓励农机服务主体与家庭农场、种植大户、农业企业等建立机具共享的生产联合体。推进“互联网+农机作业”，促进智慧农业发展。三是积极支持农业产业链发展。坚持包容审慎原则，支持改造提升传统农业，发展现代农业。支持发展农业产业集群，培育壮大一批成长性好、带动能力强的龙头农业企业，大力推进专业化分工、规模化生产和产业化经营；积极推进农产品生产、加工、销售一体化经营，大力支持“订单农业”，稳定农业生产，促进农民增收。引导属地化发展，鼓励农产品就地加工转化升级，鼓励农业就地发展延伸产业，把发展二三产业与就业创业结合起来，与劳动力本地化就业结合起来。

二、推进地理标志精准扶贫、商标品牌富农工作，支持农村经济高效发展

商标品牌是整合资源的有效手段，是产品价值的放大器。农产品商标品牌在提高农民进入市场的组织化程度、提高农业综合效益等方面，具有重要推动作用。目前，全国已核准地理标志商标4 764件。要着力在推进地理标志精准扶贫、商标品牌富农等工作上狠下功夫，促进农村经济高效发展。一是继续推进地理标志精准扶贫工作。我国深度贫困地区大部分位于偏远农村、山区老区等，这些地方往往有特色的农产品。2017 年以来，全国市场监管部门运用地理标志精准扶贫，开展了“走遍中国发现地标”活动，举办全国“运用地理标志商标精准扶贫”培训班，西部地区一些地方政府将地理标志精准扶贫列为年度重点工作，取得了实实在在的成效，涌现出一批地理标志致富脱贫的典型，积累了好的工作经验。

要进一步加大地理标志商标精准扶贫的宣传和培训，积极引导各级党委和政府、基层市场监管部门、地理标志和农产品商标权利人，把地理标志和农产品商标工作重心转向注重使用效能，做强产业，打造区域支柱产业，实现精准扶贫。二是认真做好商标品牌富农工作。积极指导农产品申请注册商标，加快推进地理标志注册步伐，对具有原产地特征的农产品申请注册地理标志商标加强服务。鼓励地方政府制定扶持农副产品商标发展的政策措施，建立本地区地理标志资源库，做好本地特色农产品资源的挖掘、整合及地理标志商标的注册、支持、保护工作，帮助、补贴农民注册，提高农户和涉农企业的注册意愿。加强宣传工作，促进广大农民增强商品品牌意识，看到农产品商标品牌对于增加收入的现实作用，走农业品牌化发展之路，形成一批具有鲜明地域特色的农副产品商标，推进农业供给侧结构性改革，培育农业农村发展新动能，实现绿色生态可持续发展。三是加强农产品商标品牌保护力度。以综合执法、综合监管为契机，进一步加大商标综合执法合力，严肃查办跨区域、大规模、社会公众反映强烈的涉农商标侵权案件，提高对农产品商标品牌的保护力度。

三、加强有机认证工作，促进农业产业高质量发展

有机认证能够提高企业市场竞争力，提高产品附加值，保证有机产品生产和加工的质量，满足消费者对有机产品日益增长的需求，减少和防止农药、化肥等农用化学物质和农业废弃物对环境的污染，促进社会、经济和环境的持续发展。近年来，随着人民群众生活不断改善，我国有机产品认证越来越受到社会关注，但是一些认证检测活动的规范性、有效性不高，违法操作、虚假认证、买证卖证等问题比较突出，导致有机认证信誉度不高，降低了应有的传递市场信任的作用。要坚持问题导向和目标导向的统一，整顿和改

革有机认证工作，提高有机认证的市场信誉度和消费信任度，促进农业产业结构调整和高质量发展。一是整治有机认证鱼龙混杂现象。加强对获证食品农产品生产、加工、销售活动的监管，重点查处认证机构认证决定流于形式，中介机构买证卖证，企业伪造、冒用有机认证标志，少认多用，有机认证基地使用禁用投入物质等行为，维护公平公正规范的有机认证市场环境。二是压减有机认证环节和费用。有机认证环节多、时间长、收费高，是妨碍有机认证发展的重要因素。一些想申请有机认证的企业望而却步，导致企业自己走捷径、搞变通。要简化优化有机认证程序，大幅压缩认证时间、降低认证收费，构建便捷高效的有机认证新型制度体系。三是坚决推进有机认证市场化改革。目前有机认证由第三方认证公司收费执行，认证过程带有利益纠葛，妨碍了认证的公正与客观。企业和社会对此反应强烈。要切断认证执行单位与政府主管部门之间的利益关联，明确第三方认证，坚持自愿认证，坚持谁认证谁承担责任，谁发证谁承担连带责任，支持鼓励认证机构市场化竞争，优胜劣汰。四是加强有机认证的事后监管。对获得有机认证的企业加强动态监管，防止企业认证后降低标准、扩大使用品种等行为，加强对流通领域、销售领域的风险监测，发现问题及时纠正解决，问题严重的取消有机认证，提高有机认证的信用，提高有机认证在消费者心目中的形象。

四、支持发展农村电子商务，促进农产品市场营销手段现代化

农副产品销售范围本地化、销售渠道狭窄，是制约农村经济发展的重要因素。发展农村电子商务，是解决农民增产不增收、扩大市场销售范围的有力举措。要以《电子商务法》公布施行为契机，大力促进农村电子商务发展。一是要推动国家涉农电子商务政策的落实。促进农业生产、加工、流通等环节的互联网技术应用，鼓励

各类社会资源加强合作，促进农村电子商务发展，发挥电子商务在精准扶贫中的作用。采取有力措施，支持、推动绿色包装、仓储、运输，促进电子商务绿色发展。二是推进农村信息化发展。鼓励网络运营商在农村增设宽带，架设光缆，提高农村网络覆盖面。推动电子商务向广大农村地区延伸覆盖，畅通城乡双向联动销售渠道，促进线下产业发展平台和线上电商交易平台结合，鼓励和支持消费新业态、新模式向农村市场拓展。三是鼓励农民自愿建立涉农电商协会，在惠农贷款等方面予以支持。加强对农民电子商务的技能培训，提高农民运用现代信息技术从事农产品销售和服务的能力。四是鼓励农村电子商务领头人开设网店，实施网络销售，并实施扶持鼓励政策。加快实现农业产供销信息共享，逐步构建农产品电子商务新业态。五是推动电子商务基础设施和物流网络建设。对在农村设立的物流快递公司，放宽登记准入限制，允许一照多址。

五、保护农民消费者合法权益，推动农村居民消费梯次升级

保护农村消费者合法权益，提振农民消费信心，释放农村消费潜力，是扎实推进乡村振兴战略的重要内容。要针对新时代农村消费维权的新形势新要求，更新维权理念，创新维权举措，坚持以人民为中心，推动农村消费维权不断迈上新水平。一是要将原工商、质检、食品药品、物价、知识产权、“双打办”等投诉举报电话平台整合到全国 12315 投诉平台，统一受理各类举报投诉。继续加强农村消费维权网络建设。及时受理和处理农村消费者的投诉举报，就近解决消费纠纷。二是充分发挥乡镇消费者协会分会、行政村消费者投诉站和 12315 联络站作用，建立健全农村消费维权问题发现、诉求反映、纠纷调解等工作机制。三是认真落实《中共中央国务院关于完善促进消费体制机制进一步激发居民消费潜力的若干意见》，推动具备条件的乡镇将商贸物流与休闲农业、乡村旅游、产

品加工等有机结合，鼓励和引导农村居民增加交通通信、文化娱乐等消费，逐步缩小城乡居民消费差距，推动农村居民消费梯次升级。四是加强农村市场监管。加强农资市场监管，突出重点季节、重点地区、重点市场和重大案件，积极规范农资市场主体和日常经营行为，严厉查处销售假冒伪劣农资坑农害农行为。在全国开展以打击假冒伪劣为重点的综合执法行动，围绕乡村振兴战略，集中开展农村地区、城乡接合部劣质商品、仿冒名牌等问题的专项治理，不断优化农村市场消费环境、营商环境。

中国农业科技走出国门服务“一带一路”

薛　亮

农业交流和农产品贸易自古以来就是丝绸之路的主要内容，当今，农业仍然是“一带一路”沿线国家经济发展的基础，他们对解决粮食保障、贫困、营养问题强烈关注，开展农业合作是“一带一路”沿线国家的共同诉求和愿望。加强农业科技交流合作是农业合作的重点任务之一。改革开放以来，我国农业科技取得很大的发展，一些技术达到国际领先水平，许多农业综合技术非常适合发展中国家应用。因此，加快我国农业科技走出去，与“一带一路”沿线国家分享，为“一带一路”建设服务，有利于开辟我国农业国际合作新格局，为沿线国家以至全球农业发展和经济增长作出更大的贡献。

目前，以中国农业科学院为代表的中国农业科技已经有 60 多项新技术和新产品实现了走出去，涉及亚、非、美、欧 150 多个国家。举例如下：

1. 绿色超级稻为亚非国家粮食安全作出贡献　由中国政府和盖茨基金会资助、中国农业科学院牵头的“绿色超级稻”项目，由 300 多名来自育种、基因工程、栽培、植保等领域的科学家历经 10 余年的努力，通过杂交育种、分子标记、基因聚合等新技术，为亚非 17 个目标国家培育了 64 个优质高产、适应性强的绿色超级稻新品种，大多已投入实际生产。绿色超级稻在亚非国家的推广总面积达到 210 万公顷，其中非洲 40 万公顷，东南亚 170 万公顷，普遍比当地品种增产 20％～30％，农民增收 5.46 亿美元，并为 14 个目标国家培养了 37 名博士和硕士生。2018 年，中国农业科学院牵

头并联合数十家全球顶尖伙伴共同完成“3 010 份亚洲栽培稻基因组研究”，成果在《自然》杂志发表，为绿色超级稻的可持续发展提供了重要的基础研究支撑。

2. 中棉系列棉花新品种助力中亚农民增产增收 在吉尔吉斯斯坦、塔吉克斯坦和乌兹别克斯坦推广棉花优良品种。目前中棉系列品种在吉尔吉斯斯坦推广面积超过 15 万亩，已成为地方主栽品种，有效提高棉花单产 60%以上。在塔吉克斯坦建立了“中棉银海科技有限公司”，推广中棉系列品种和配套栽培技术。在乌兹别克斯坦实施了 1 000 亩科技示范园区建设，乌方品种与中国栽培管理技术相结合，产量比周边棉田高 1 倍以上。2019 年起，全国 10%的棉田（150 万亩）将开始使用中国植棉技术。同时，棉花新品种也在苏丹和坦桑尼亚等非洲国家得到推广。

3. 生物防治技术开启海外推广应用 现已有多项技术推广到非洲和东南亚国家，在缅甸、老挝建立以生物防治为主的水稻、玉米害虫综合治理技术体系，建设 14 个赤眼蜂大规模生产设施，并培训了相关管理技术人员和农民，累计推广示范水稻、玉米综合治理技术各 10 余万亩。我国自主研发的植物免疫蛋白质生物农药“阿泰灵”2017 年单品销售额突破 1 亿元，还与美国爱利思达生命科学公司签订了海外独家代理协议，开辟生物农药海外市场。

4. 动物疫苗和防控技术致力控制跨境传染病 中国农业科学院以禽流感、口蹄疫等为重点与“一带一路”沿线国家开展合作研究，提供动物疫病防控先进技术、培养专业人才。高致病性禽流感疫苗出口埃及、伊朗。2016 年起，在印度尼西亚成立合资公司建设禽流感疫苗生产车间，已有三个疫苗产品获得印度尼西亚政府的生产批文，2018 年底投入生产。口蹄疫疫苗和诊断制剂等已出口乌克兰、立陶宛、越南、缅甸、朝鲜、蒙古、哈萨克斯坦、巴基斯坦等国家。

5. 农机装备技术输往东南亚和非洲国家 中国农业科学院与国内有关企业合作，向越南、泰国等东南亚国家出口畜禽水产养殖、饲料加工等装备，向亚非国家出口作物耕作、植保等装备，并提供长期技术培训与服务。其中部分装备在越南和泰国的市场占有率达到90%。生产的大田作物植保装备大量出口到亚非地区，其中在非洲主要国家市场占有率达到30%。

6. 饲用植酸酶技术在世界范围内广泛推广 全球70%以上的饲料中应用植酸酶，经济效益超过600亿元，年复合增长率达到12%，可节约粮食5 000万吨以上，减少有机碳、氮等排量1 300万吨，具有良好的经济、社会和生态效益。我国从进口饲用植酸酶到自主研发取得突破并达到世界领先水平，我国的植酸酶产品成本低、效价高、超耐热，已经大量出口。

同时，我们还广泛开展了“一带一路”国家留学生培养、农业技术人员培训、高层次科技人才交流等工作。搭建系列海外农业公共信息平台，利用农业遥感开展重点区域和国家主要农作物估产监测和全球耕地资源监测，为农业走出去提供信息服务。

总的来说，现在农业科技方面的国际合作还是初步的，还有很多的工作可以做。下一步，按照我国推进“一带一路”建设农业合作行动的要求，充分利用与沿线国家已有的双边多边合作机制，秉承共商、共建、共享的理念，以农业科技交流合作为先导，打造农业合作大通道，实现优势互补、互利共赢、联动发展。为此，应进一步加强以下几项工作：

一是加强对农业走出去企业的科技支撑和信息服务。建设全球农业数据调查分析系统，运用多种方式开展重点国家、品种和环节的数据调查，进行农业大数据分析。立足农业科技成果转化和知识产权交易平台，提供农业科技成果和农业新技术服务。加强政策创设，完善支撑农业走出去的政策体系。

二是探索农业科技走出去的新模式。进一步探索科研院所与企业联合提升境外农业投资项目的科技含量、利用国际组织平台和项目搭载科技成果应用、吸引国际金融资本带动科研能力和科技成果走出去、转让科技产品代理权拓展海外市场等方式，推动农业科技

更多更好地走出去。

三是打造农业科技走出去的新样板。在“一带一路”沿线国家建立一批农业科技产业园区，支持科研院所、农业企业参与园区建设和运营，形成农业科技和产业发展的示范效应。加大我国在亚非拉国家建立农业技术示范中心的力度，并与有关国家合作，共建国际联合实验室。

四是建设农业科技走出去的研发与服务平台。立足新疆、云南等中西部前沿省份，重点围绕粮棉育种、节水灌溉、林果加工、畜牧养殖、农业机械等领域关键技术，建设国家级综合性农业科技研发与服务中心，形成辐射“一带一路”的农业科技成果窗口和集散地。

构建优先发展机制
推进农业农村全面现代化[①]

马晓河

在全面建成社会主义现代化强国过程中，城乡融合发展首先要让相对落后的农业农村发展水平赶上来，站到与城镇同一发展平台上，才能有条件实现融合发展。因此，当前和今后一段时间，农业农村现代化是推进全面现代化建设的优先项。要实现乡村振兴战略，农业农村要优先发展，必须打破现有城乡二元结构框架，建立六大机制，实现两个放开，加强一个体系建设。为我国全面建成社会主义现代化强国创造支撑条件。

一、农业农村现代化是全面现代化的优先发展项

中共十九大报告提出两个全面建成，即到 2020 年全面建成小康社会，到 2050 年全面建成社会主义现代化强国。从全面建成小康社会到基本实现现代化，再到全面建成社会主义现代化强国，农民是不可忽视的重要群体，农业是不可忽视的重要产业，农村是不可忽视的重要区域，没有农民的参与，没有农业农村的现代化，我国是不可能全面建成现代化强国。从新时代社会主要矛盾发生变化角度看，实现两个百年奋斗目标，我国社会主要矛盾已经从人民日益增长的物质文化需要同落后的社会生产力之间的矛盾，转化为人

---

① 本研究为清华大学农村研究院 2018 年重点课题研究成果，课题编号：CIRS2018－5。

民日益增长的美好生活需要和不平衡不充分发展之间的矛盾。在需求侧，面对城乡发展差距，农民对日益增长的美好生活需要更强烈，如果农民的美好生活需要得不到满足，我国的社会主要矛盾将难以化解。在供给侧，经济社会发展不平衡不充分的矛盾主要方面是农业农村现代化滞后，农业农村现代化不实现，我国的百年目标也将难以实现。因此，满足农民对美好生活的需要、实现农业现代化、乡村现代化是我国全面建成现代化强国的关键所在，也是我国何时能迈向发达国家行列的优先项和终极衡量标准。习近平总书记提出："中国要强，农业必须强；中国要美，农村必须美；中国要富，农民必须富"。中央农村工作会议指出，"没有农业农村的现代化，就没有国家的现代化。农业强不强、农民富不富决定着我国全面小康社会的成色和社会主义现代化质量。"

农业农村优先发展的内容应该包括哪些？首先要深刻理解十九大报告精神，与农业现代化不同，农业农村现代化强调的是全面现代化。中共十九大报告提出到 2050 年要把我国建成富强民主文明和谐美丽的社会主义现代化强国，这给我国现代化赋予了全新的内涵，她包含了富强、民主、文明、和谐、美丽五个方面，意味着届时我国实现的是物质文明、政治文明、精神文明、社会文明、生态文明的全面提升。农民农业农村是我国经济社会发展的重要组成部分，农业农村的现代化当然是全面的，全面现代化也应体现五大文明内容。具体就是按照产业兴旺、生态宜居、乡风文明、治理有效、生活富裕总体要求，建立健全城乡融合发展体制机制和政策体系，统筹推进农村经济建设、政治建设、文化建设、社会建设、生态文明建设和党的建设，加快推进乡村治理体系和治理能力现代化，最终实现农业强、农民富、农村美的现代化目标。这意味着农业农村现代化也是全面的，与全国层面的现代化是相辅相成的，是富强民主文明和谐美丽在农业农村的体现，也是全面现代化在农村的具体化。

经过 40 年的经济快速发展，我国已经从低收入阶段迈向中上等收入阶段，在这个阶段中国有条件优先解决农业、农村发展落后问题。首先，我国工业化、城镇化水平已大大提升，以工补农、以城带乡的经济结构已经具备，为“三农”优先发展创造了充分空间。其次，中国在继续深化改革开放，今后还将释放制度红利。在体制上改革公共资源配置结构，集中人力、物力、财力，优先化解“三农”发展中的突出问题。再次，中国社会财富不断增长，政府财力雄厚，外汇储备丰裕，推动“三农”优先发展具备物质条件。最后，我国还有实施农业农村优先发展的制度和组织条件。目前，我们可以利用从上到下的制度安排，调集公共资源和引导社会资源，向农业农村流动，支持乡村振兴。

二、农业农村优先发展必须破解四短难题

坚持农业农村优先发展，必须破解农民、农业农村发展中的四短难题：

一是从工业化、信息化、农业现代化进程来看，农业现代化是短腿。中共十八大以来，我国农业装备水平有了明显提高，但跟经济社会发展需要比，同工业以及非农产业现代化进程相比，现代农业建设依然滞后。以几个现代化主要指标衡量，我国农业就业比例过高，农业劳动生产率偏低，农业现代化装备水平不高。比如我国农作物耕种综合机耕率虽然提高到80.43%，但机播率、机收率分别只有52.08%、53.4%。检验农业现代化水平的一个主要指标是农业劳动生产率，2017年我国农业劳动生产率为4 630美元，而日本目前农业劳动生产率大约40 000美元左右，美国50 000美元左右，我国分别只是日本的11.5%、美国的9.26%。再用比较劳动生产率分析，目前中上等收入国家农业比较劳动生产率为0.35左右，第二产业1.1左右；我国2017年农业比较劳动生产率仅为0.29，比同类国家低了12%，而第二产业1.44，比同类国家高出26%。在比较劳动生产率上，我国与发达国家差距更大，2015年美国的农业比较劳动

生产率为 0.83、加拿大 0.84、法国 0.61、德国 0.46、意大利 0.66、英国 0.64、澳大利亚 0.92。我国农业比较劳动生产率偏低，意味着社会资源要素配置有利于工业，不利于农业。

在现代化进程上，我国农业内部现代化进程也有不平衡不充分的矛盾，具体表现为农业生产与流通发展不平衡，生产环节现代化不充分；大田、种植业与养殖业、农产品加工业等发展不平衡，养殖业、农产品加工业等发展不充分；高附加值农业与低附加值农业发展不平衡，高附加值农业发展不充分。农业现代化建设滞后的关键问题是投入不足，与全国公共投资、制造业投资相比，现代农业投入严重不足。在现有体制下，中央政府对农业投入增长满足不了农业现代化的需要，地方政府受事权约束不愿对农业多投入，而农民因农业经营规模小、收益少、投入能力低下，由此导致现代农业投入缺位。

当前，农业作为供给方，在满足人民日益增长的美好生活需要方面还存在着突出的结构性矛盾。随着收入水平的提高，城乡居民的消费结构迅速升级，要求农业提供安全、优质、便捷和多样化的供给，同时还要求农业能提供生态功能和观光旅游。面对居民消费结构升级，一方面，我国农产品供给存在结构性过剩，粮食连年超库存，一些农产品频频出现卖难现象；但另一方面，安全、优质、绿色有机农产品严重供给不足。更使人担忧的问题是，由于水电、人工、土地、农资等价格不断攀升，农业的综合生产成本全面上升，比较优势在丧失，农业生产绝对收益和比较效益都在下降。表1是2010年以来我国重要农产品净利润变化情况。2010—2016年除规模化养殖生猪在2014年后市场好转利润增加之外，我国大田作物每亩净利润都是明显下降的。稻谷每亩净利润由 309.82 元下降到 141.96 元，下降了 53.7%。除此之外，小麦、玉米、大豆、油料、棉花等净利润全部由正转负值。表2是2004—2016年我国3种粮食（稻谷、小麦、玉米）每亩生产成本收益变化情况，12年间3种粮食每亩综合成本上升了 176.5%，产值仅上升了 71.2%，每亩净利润由 196.5 元下降到亏损 80.28 元。在农业综合成本迅速上升条件下，我国与欧美国家的农业成本比较优势已经发生了逆转，2012 年后，中国三大粮食生产成本都远远高于欧盟和美国，尤其是人工成本和土地成本是抬高中国粮食生产成本的主要推动因素。

表 1　我国重要农产品净利润情况

年份	稻谷（元/亩）	小麦（元/亩）	玉米（元/亩）	大豆（元/亩）	两种油料（元/亩）	棉花（元/亩）	规模生猪（头）
2010	309.82	132.17	239.69	155.15	252.96	983.97	140.07
2011	371.27	117.92	263.04	121.95	372	202.49	457.48
2012	285.73	21.29	197.68	128.63	296.48	25.26	133.46
2013	154.79	−12.78	77.52	33.68	13.25	−214.98	103.91
2014	204.83	87.83	81.82	−25.73	−8.98	−686.44	−14.18
2015	175.4	17.41	−134.18	−115.09	−81.67	−921.55	217.04
2016	141.96	−82.15	−299.7	−209.81	−30.22	−488.3	413.69

资料来源：全国农产品成本收益资料汇编（2016—2017）。

表 2　2004—2016 年 3 种粮食每亩生产成本收益变化

项目	单位	2004	2007	2010	2014	2016
产量	千克	404.8	410.8	423.5	470.93	457.13
产值	元	592.0	666.2	899.8	1 193.35	1 013.34
成本	元	395.5	481.1	672.7	1 068.57	1 093.62
物质费	元	200.12	239.87	312.49	417.88	429.57
人工费	元	141.26	159.55	226.9	446.75	441.78
净利润	元	196.5	185.2	227.2	124.78	−80.28
收益率	%	33.2	27.8	25.25	10.46	−7.9

注：表中物质费包括了服务费。

资料来源：国家发展改革委价格司编 2009 年和 2016 年全国农产品成本收益资料汇编。

二是从“两个全面建成”来看，农民收入增长是短项。全面建成社会主义现代化强国，全体人民共同富裕基本实现，前提是全体农民要能共同富裕起来，这是第二个百年目标能否实现的关键所在。近几年来，尽管农民收入增长速度快于城镇居民，城乡居民收入相对差距在不断缩小。但由于城镇居民收入基数大，增长一个百分点带来的收入额远大于农民，使得城乡居民收入绝对差额不但没有缩小反而还扩大了。从表3可看出，2012—2017年，城乡居民收入相对差距从3.1缩小到2.71，但城镇居民收入与农民之间的绝对差额，却由16 630元扩大到22 964元，绝对差额扩大了38.1%。很显然，增加农民收入的任务依然很艰巨。更需要关注的问题是，农村内部阶层之间收入差距在明显扩大，其差距显著大于城镇内部。2000年，农村20%的高收入家庭人均收入水平是20%低收入家庭人均收入水平的6.47倍，到2017年该数值扩大到9.48倍，扩大了3.01倍；而同期内城镇差距只扩大了1.96倍（表4）。收入差距在阶层之间过度扩大，既不利于农村居民实现共同富裕的目标，也不利于扩大内需促进经济高质量增长。

表3　城乡居民人均收入增长比较

年份	城镇居民人均可收入		农民人均纯收入		城镇/农村	收入差额（元）
	绝对数（元）	增长（%）	绝对数（元）	增长（%）		
2012	24 546.7	9.5	7 916.6	10.7	3.10	16 630.1
2013	26 955.1	7.0	8 895.9	9.3	3.03	18 059.2
2014	29 381.0	6.8	9 892.0	9.2	2.97	19 489.0
2015	31 790.3	6.6	10 772.0	7.5	2.95	21 018.3
2016	33 616.0	5.6	12 363.0	6.2	2.72	21 253.0
2017	36 396.0	6.5	13 432.0	7.3	2.71	22 964.0

资料来源：中国统计年鉴（2013—2018）。

表4　按五等份（20%）城乡居民阶层收入差距

项目	城镇居民收入			农村居民收入		
	2000年	2017年	比值	2000年	2017年	比值
低收入户（元）	3 658	13 723.1	3.75	802	3 301.9	4.12
高收入户（元）	13 390.5	77 097.2	5.76	5 190	31 299.3	6.03
比值	3.66	5.62	1.96	6.47	9.48	3.01

资料来源：中国统计年鉴（2011、2017）。

2012年以来，农村居民收入增长的压力在加大，农民人均纯收入年均增长从2012年10.7%，持续下降到2016年6.2%，尽管2017年农民收入增长速度快于上年，但仍然低于2012—2015年的增长水平。(图1)。影响农民收入增长因素是多重的，首要因素是外出打工困难增加，产业结构转型升级，互联网+、智能化、一些大城市进行的环境治理和人口规模控制，以及外资转移等，都对农民由打工带来的工资性收入产生了直接或间接的影响；其次是农业成本全面上升，收益下降；最后是农村产权制度改革滞后，财产性收入增长也赶不上城镇居民。

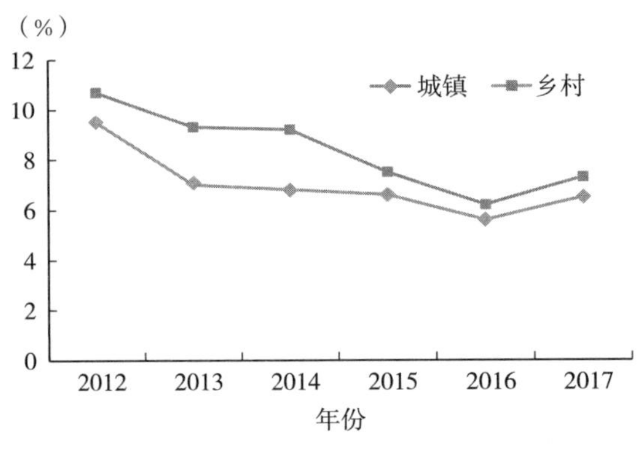

图1　农民收入增速变化

三是从公共服务均等化看，农村依然是短板。进入21世纪以来，我国基础设施建设和公共服务条件改善取得了世界级别的进步。但是，在城乡之间，基础设施、公共服务条件改善最快的是一端城市，农业农村改善相对较慢。在地区上，东部地区农村改善较快，中西部地区农村改善较慢。在公共品供给上，城镇投入多农村投入不足，城镇供给优质、结构均衡，农村供给总量不足、质量不高、结构失衡。以教育、卫生为例，农村九年制义务教育和公共卫生资源既存在供给总量不足的问题，也存在着优质公共资源向城市集中的问题。农村孩子和农民花费同等数额的资金和耗费同样的时间，并不一定能获得同等质量的教育卫生资源。表5是2017年城

乡卫生资源的简单统计，从中可以看出，每千人卫生技术人员城市是农村的 2.54 倍，城市拥有的执业医师是农村的 2.36 倍，拥有的护士是农村的 3.09 倍，医疗卫生机构拥有的床位数城市是农村的 2.09 倍。还有农村社会保障虽然解决了“有”的问题，但“高”的问题还有待解决。比如农村居民最低生活保障平均标准低，平均支出水平也与城镇差距较大。农村基本医疗保险、养老保险标准仍然偏低，给付额度不足，农村老人难以维持体面的养老生活。农村生态环境问题严重，耕地土壤污染、农业面源污染、生活废弃物污染问题突出。另外，工业和城市的“三废”污染向农村转移的问题依然需要认真对待。

表 5　2017 年城乡卫生资源情况

项目	城市每千人卫技人数（人）	农村每千人卫技人数（人）	比值
合计	10.87	4.28	2.54
执业医师	3.97	1.68	2.36
注册护士	5.01	1.62	3.09
医卫机构床位	8.75	4.19	2.08

资料来源：中国统计年鉴（2017）。

四是从城乡融合发展来看，制度供给仍然短缺。当前，影响城乡融合发展的关键体制因素乃是城乡二元结构。这几年，城乡二元体制改革虽有些许进展，但并未有实质性突破。现有二元体制条件下，农业转移人口市民化、农村土地交易流转、公共资源配置、公共服务供给、生态环境治理等都受到了极大制约。只要城乡二元体制框架不打破，城乡经济社会一体化的肠梗阻就难以消除，城乡融合发展的目标就难以实现。城乡二元制度性障碍压缩了弱势群体改变身份的机会，在工业化、城镇化中社会对他们要求太多，征地、拆迁、转移落户、就业、就学等都使农民作出很多让步牺牲，使得农民的上升通道变窄。

从建设社会主义现代化强国而言，实现新型城镇化是一个必不可少主要条件。目前世界现代化强国或发达国家城市化水平都很高，2015 年平均为 81.1%，特别是位于东亚国家的日本、韩国当年城市化率分别为 93.49%、82.47%（表 6）。而我国 2017 年常住人口城镇化率 58.5%，户籍人口城镇化率只有 42%，不仅明显低于发达国家水平，也低于相同发展水平的中上等收入国家。我国城镇化水平低，关键问题是农业转移人口市民化进城缓慢，户籍制度、社会保障制度和公共服务体系改革滞后。在现有体制下，城镇政府都不愿承担农业转移人口市民化的成本，却乐意享受即有体制下的红利。这就必然导致 3 个滞后，城镇化滞后于工业化，人口城镇化滞后于土地城镇化，户籍人口城镇化滞后于常住人口城镇化。还有，我国城镇化的战略目标和规划方向是促进农业转移人口市民化，但操作层面的政策是抑制人口向城市转移。比如，全国各大城市都在纷纷利用“小城市（城镇）全面放开、中等城市有序放开、大城市合理确定、特大城市严格控制”的政策解释空间，确定严格的进城标准，使得农业转移人口难以在大中城市落户。我国是东亚国家，人口稠密，资源高度稀缺，必须实行资源集约节约型现代化，其中包括人口密集型城镇化。一些人错误地认为，农民不进城落户在农村集中居住有利于城市有序发展。但问题的关键是，人口向城镇集聚可以促进产业结构转型升级，推动科技创新；可以促进中等收入群体成长，形成橄榄型社会新格局；可以促进需求结构调整，推动消费和投资增长。还有现代化强国建设需要农业现代化，农业现代化需要适度规模经营，规模经营需要劳动力向外转移和市民化。显然，以延缓全面现代化进程为代价的有序发展，是牺牲了全局保护了局部利益。

表 6　不同收入类型国家城市化国际比较（%）

年份	低收入	中低收入	中高收入	高收入	日本	韩国
1970	15.55	22.46	32.2	68.93	71.88	47.70
1975	14.0	24.19	33.59	70.74	75.72	48.03

（续）

年份	低收入	中低收入	中高收入	高收入	日本	韩国
1980	19.05	26.17	36.36	72.01	76.18	56.72
1985	20.75	27.97	39.3	73.21	76.71	64.88
1990	22.58	29.85	43.18	74.45	77.34	73.84
1995	24.12	31.35	46.60	75.68	78.02	78.24
2000	25.40	32.88	50.3	76.76	78.65	79.62
2010	28.70	36.77	59.7	79.94	90.52	81.94
2015	30.7	38.96	64.12	81.10	93.49	82.47

资料来源：世界银行网站（world bank WDI database）。

另外，在社会治理方面，我国的法制体系尚待健全，执法文明、执法守法需要加强。在日常生产和生活中，农民还不能充分表达和实现诉求，经济社会活动比如迁徙、进城打工、土地交易、经营等还受到一些干扰限制。因此，农民的获得感需要加强，焦虑感需要减少、安全感需要提高。建设社会主义现代化强国，我们需要农民的全力响应，农民的获得感增加了，幸福感增强了，安全感提高了，他们参与现代化强国的建设积极性自然而然就高了。

三、重塑城乡关系推进农业农村优先发展

在现代化进程中，要改变农业与非农业、农村与城市、农民与市民，在资源配置和公共政策安排上的劣势地位，将农业农村现代化拉下的步子补上来，实现农业强、农民富、农村美的目标。主要思路是，打通城乡融合发展和农业农村优先发展的战略路径，建立以下 6 个机制，加强 1 个体系建设，强力推进农业农村现代化。为此要出实招、出大招。

一是坚持农业现代化优先发展和优先实现思路，为此要建立农业现代化投入优先保障机制，让农业现代化的步子迈快一点、迈大一点。支持高标准农田建设，提升农业装备和信息化水平，增强农

业科技自主创新能力，积极发展智慧农业、特色农业、观光旅游农业和农产品加工业。鼓励发达地区率先实现现代化，积极推进各地区农业共同现代化。

二是坚持农村重要领域优先发展，为此要建立农村基础设施建设优先配置机制，解决农村基础设施“最后一公里”问题，让农村路水电气网及物流设施等建设、垃圾污水处理、生态环境建设等补短板的支持强度再大一些，发展进程再快一些。

三是坚持农村公共服务优先发展，支持建立农村公共服务优先供给机制，把对农村教育卫生资源（硬软件设施和师资资源）配置放在优先地位。保障农村居民能获得同城市居民一样的公共教育卫生资源。

四是坚持农村社会保障从“有”向“高”“优”转变，为此要建立社会保障城乡融合机制，支持基本医疗、基本养老、贫困救助优先实现城乡融合，实行同机构、同渠道、同标准，为此不断提高农村基本医疗、基本养老、贫困救助等补助标准（如每年提高5%），最终与城镇职工标准接轨。

五是放开土地市场，赋予农民土地流转和交易权，建立健全土地要素平等交换机制。加快土地制度改革，推进农村土地所有权、承包权、经营权三权分置，下一步改革的主要思路是，稳定所有权，放开经营权，丰富扩大土地承包权内涵，最终使农民土地承包权人格化。在积极探索农民的宅基地及其建筑物在转让、入股、抵押、继承等之外，还要进行跨社区交易的市场化合理性改革试点。还有，放开农村集体建设用地进入一级土地市场的限制，实行农村集体建设用地与城市土地“三同”政策，即同市同权同价格。

六是放宽放开进城落户限制，赋予农民身份能够顺利转变的权利，建立农民市民化公共成本分担机制。加快新型城镇化进程，除特大城市外全面放宽放开农民进城的限制，取消种种行政准入和许可，撤销各种进城积分政策，给予农民有自由选择的权利。建立农民市民化公共成本在中央和地方政府之间的分担机制，支持农业转

移人口进城落户。另外，建议调低我国城镇标准定义门槛，将行政村人口超过 2 500 人以上的村有计划地全部建设转化为小城镇。在发达国家，城市定义门槛大多都很低，如美国一般集中居住人口数量每平方英里[①]达 2 500 人区域，就被定义为城市；瑞典只要集中居住人口达 200 人就被统计为城市人口；法国只要集中居住人口达到 500 人就被统计为城市人口；而我国人口巨量，不少自然村人口数量通常都超过 200 人，行政村人口有许多超过 2 500 人，但只有居住在建制镇（经认证批准）和城市区域的常住人口，才被视为城镇人口。

七是加强乡村治理体系建设。乡村治理体系和治理能力现代化是农业农村现代化的重要组成部分，也是全面建成社会主义现代化强国需要加强的重要内容。健全村级党组织、村委会组织功能，充分发挥两大组织在乡村治理体系建设中的优势作用，贯彻落实乡村振兴战略各项部署，调动一切社会资源，为实现农业农村优先发展献策出力。要从深化村民自治实践、推进乡村法治建设、提升乡村德治水平等方面，构建了“三治”（自治、法治、德治）现代乡村社会治理体系。完善村民代表会议制度，切实落实村民民主权利，保障人民群众的知情权、参与权、表达权和监督权，在商议解决乡村振兴和其他重大问题中充分发挥农民的主体作用。用好激励手段，调动农村“五老”[②] 在做好群众工作、化解社会矛盾、维护社会稳定、推进经济发展等方面的积极作用。用亲情、以政策吸引能人和各种资源回流农村，为振兴家乡、繁荣家乡贡献力量。

---

① 平方英里为非法定计量单位，1 平方英里≈2.59 平方千米。

② “五老”指老党员、老干部、老劳模、老退伍军人、老教师。

三、《判断与思考》简报专家文章

关于华北地下水超采区建立适水种植制度的建议

王庆锁　夏　英　孙东宝

华北地下水超采了近 40 年，形成大规模地下水漏斗，引发一系列生态问题，党中央、国务院对此高度关注，下决心治理。2014 年中央 1 号文件提出“开展华北地下水超采漏斗区综合治理”，河北省地下水超采综合治理试点工作实施。2016 年 7 月，习近平总书记指示“要深入开展地下水超采治理……使华北平原这一世界上最大的漏斗区得到有效控制和改善”。2017 年中央 1 号文件又提出“要扩大华北地下水超采综合治理范围”，山东省被追加为试点区。2014—2016 年，国家投资 205 亿元开展河北地下水超采综合治理试点，取得了很大成效。但现行的引水替代尚不能完全解决华北农业的需水量。如果仅考虑地下水压采，实行休耕、造林、旱作等就完全可以解决，但这势必会影响到国家粮食安全。如何使农业既节水高效，又保证粮食安全，还可持续发展？建立与华北地下水压采目标相匹配的、经济上可行的适水（或限水）种植制度已成为一个亟须解决的重大课题。

一、华北地下水超采综合治理面临的形势

1. 地下水压采的任务极其艰巨　华北（黄河以北的京津冀鲁豫）地下水超采始于 20 世纪 70 年代末，已有近 40 年历史，超采面积 12.8 万平方千米，占全国的 42.5％。近年来，华北年均地下水超采量 90.1 亿立方米（占全国的 53％），累计超采量超过 3 000

亿立方米，地下水压采的任务极其艰巨。

2. 现行的地下水压采方案，只能延缓地下水下降的速度 根据《河北省地下水超采综合治理规划》和实施方案（2014—2017年），河北省年均地下水压采量达到59.6亿立方米，才能实现采补平衡（表1）。经过3年的超采综合治理试点，到2016年形成了约65%的地下水压采能力，只有到了2030年才能达到采补平衡。这就是说，到2030年之前，河北地下水还是处于超采状态，地下水水位总体上还会呈现下降的态势，只不过因超采量的减少，其水位下降的速度有所减缓。

表1 河北省地下水压采量

项　　目	年份					
	2014	2015	2016	2017	2020	2030
地下水压采能力（亿立方米）	10.4	25.2	38.7	40.3	54.0	59.6
地下水压采率（%）	17.4	42.3	64.9	67.6	90.6	100.0

3. 引水替代工程完成后，长期压采地下水的任务就落到了农业方面 河北省年均地下水压采量为59.6亿立方米，其中城市18亿立方米和农村41.6亿立方米。城市地下水压采以引水替代为主，以压产能为辅。而对于农村地下水压采，引水替代只解决了13.6亿立方米，剩余的28亿立方米只能依靠农业自身来解决。这就是说，引水替代不能完全置换农业用水量，今后长期压采地下水的任务实际上就落到了农业方面。

二、适水种植制度实现地下水压采的可行性

既然引水替代不能完全解决农业用水，就必须挖掘农业自身地下水压采的潜力，探讨既节水又经济，还不危及粮食安全的适水种植制度。

（一）节水的可行性

华北平原的降水量是500～600毫米，只能满足一年一熟制或两年三熟制，不能满足现行的主要种植制度。因为蔬菜周年（按2茬计）的需水量高于1 200毫米，冬小麦-夏玉米一年两熟制需水量800毫米、果树700～750毫米（表2），要保证作物的正常生产不得不抽取地下水。

从节水的角度，蔬菜种植是最不可取的，因为周年蔬菜的灌溉定额高达450～700立方米/亩，应该列为压减的对象。其次是冬小麦-夏玉米一年两熟制，其灌溉定额215立方米/亩，灌水4次，其中冬小麦3次、夏玉米1次。再次是果树，其灌溉定额120～150立方米/亩。春玉米和棉花的需水量大约450毫米，低于降水量，且生长需水规律与降水季节分布吻合程度高，是比较理想的种植制度，但仍需要浇水1次，灌溉定额50立方米/亩，比冬小麦-夏玉米一年两熟制减少用水165立方米/亩。

表2　华北平原黑龙岗流域种植制度的需水量与灌溉定额

种植制度	露地蔬菜	设施蔬菜	冬小麦-夏玉米	梨	桃	苹果	葡萄	春玉米	棉花
需水量（毫米）	1 550	1 200	800	750	700	700	700	450	450
灌溉定额（立方米/亩）	700	450	215	150	120	120	100	50	50

数据来源：河北省地方标准DB13/T 1161.1—2016、科技文献和实际调研。

冬小麦正常灌溉的产量一般为500千克/亩，如果不追求高产，改3水灌溉制度为0水（旱作）、1水（造墒播种）和2水（造墒播种+拔节水），其产量分别降低60%、30%和10%，但可分别减少用水165立方米/亩、100立方米/亩和50立方米/亩，是比较可取的，这被称之为灌溉制度替代。

营造生态林不需要灌溉，表面上看是节水的，其实不然。因为树木靠发达的根系可吸收利用侧方和深层土壤的水分，导致周围和深层土壤干燥化。冬小麦季休耕、一年两季全旱作是很好的，因为不仅不需要抽取地下水，而且降水还可能会回补地下水。高效节水灌溉是最好的，例如滴灌比畦灌和沟灌节水20%以上，被称之为高效节水灌溉方式替代。

（二）农业压采地下水目标、农业种植压减对象及规模

1. 华北农业压采地下水50亿立方米，方可采补平衡 根据初步统计，华北年均超采地下水90.1亿立方米，要实现地下水采补平衡，农业需要压采地下水50.2亿立方米。其中，北京4.0亿立方米、天津1.4亿立方米、河北28.0亿立方米、山东2.8亿立方米、河南12.4亿立方米及不确定性1.6亿立方米。

2. 农业地下水压采的种植对象是井灌区冬小麦、蔬菜和果树 地下水压采在旱作区不行，在渠灌区也不行，只能在井灌区进行，压采的对象主要是冬小麦、蔬菜和果树等。2015年，华北冬小麦面积近7 000万亩，其中灌溉面积大约5 860万亩，如果再减去引黄灌区、石津灌区等的面积，冬小麦井灌区面积大约为5 000万亩。华北蔬菜（含瓜类）占耕地面积1 600万亩（按2茬计），果树种植面积1 120万亩，其中苹果440万亩、梨350万亩、桃180万亩、葡萄150万亩。

（三）适水种植制度方案的比较

1. 仅靠5 000万亩井灌区冬小麦，不同方案完成压采地下水50亿立方米的目标是不实际的 如果仅在5 000万亩井灌冬小麦上实施，与正常灌溉的冬小麦-夏玉米一年两熟制比较，不同方案（主要是现行的压采方案）的全国小麦总产减收均超过5.5%，其中冬小麦季休耕高达12%，可能会危及国家口粮安全。除造林外，每年节水补贴总额均超过110亿元，其中小麦-玉米一年两熟旱作高达186亿元，这势必会加重国家财政负担。除造林外，地下水压采成本均超过2.2元/立方米，其中冬小麦季休耕和小麦-玉米一年两熟旱作均超过3元/立方米，地下水压采成本过高（表3）。综上

所述，不同方案要么小麦总产减少过多，要么压采成本和节水补贴总额过高，要完成压采 50 亿立方米的目标是很不实际的。

表 3　在 5 000 万亩井灌冬小麦实施的适水种植制度方案比较

方　案	节水定额（立方米/亩）	实施规模（万亩）	节水补贴标准（元/亩）	小麦减收（%）	节水补贴总额（亿元）	压采成本（元/立方米）
休耕	165	3 030	500	12.0	152	3.03
造林	215	2 326	150	9.2	35	0.70
小麦-玉米旱作	215	2 326	800	5.5	186	3.72
小麦旱作	165	3 030	400	7.2	121	2.42
小麦 1 水	100	5 000	220	5.9	110	2.20

2. 果树和蔬菜实施滴灌，冬小麦限水灌溉，不同方案要完成压采地下水 50 亿立方米目标是可行的　如果果树和蔬菜全部实施滴灌而非畦灌和沟灌，冬小麦实施限水灌溉，即 0 水、1 水和 2 水种植，可形成 4 个地下水压采方案（表 4），其中滴灌投资按 1 500 元/亩和 10 年折旧计入节水补贴。仅果树和蔬菜滴灌就节水 22.88 亿立方米，相当于农业压采总量的 45.8%。4 个方案的全国小麦总产减收 2.3%～3.9%，压采成本和节水补贴总额分别降至 2 元/立方米和 100 亿元左右。口粮安全没问题，节水补贴和压采成本都较低，还不减少果树和蔬菜种植面积及其收入，这 4 个方案是可行的，但以冬小麦 2 水种植的为最佳。

表 4　果树和蔬菜滴灌、冬小麦限水灌溉的适水种植制度方案

方　案	小麦 0 水（万亩）	小麦 1 水（万亩）	小麦 2 水（万亩）	小麦减收（%）	节水补贴总额（亿元）	压采代价（元/立方米）
果菜＋麦 0 水	1 643.6			3.9	106.5	2.13
果菜＋麦 1 水		2 712		3.2	100.5	2.01
果菜＋麦 0 水＋麦 2 水	185		4 815	2.4	96.4	1.93
果菜＋麦 1 水＋麦 2 水		424	4 576	2.3	95.9	1.92

注：小麦 0 水、1 水和 2 水的数据为应种植的面积。

三、建议

地下水超采综合治理是功在当代、利在千秋的生态工程、民生工程。为了科学地推进农业压采地下水工作，彻底扭转地下水超采局面，逐步恢复地下水水位，提出如下建议：

（一）大力推广适水种植制度

综合考虑粮食安全、节水、经济和实施的可行性，建议华北还应保持一年两熟制为主的种植制度，而不是大规模的休耕、造林，但冬小麦要实施限水灌溉制度（如小麦 0 水、1 水和 2 水），即灌溉制度替代，蔬菜和果树全部实施高效节水灌溉（如滴灌），即高效节水灌溉方式替代。

（二）适当调整农业种植结构

鉴于江淮区小麦赤霉病流行，从国家口粮安全的角度，还应保持华北小麦种植面积。鉴于华北蔬菜和水果产能过剩、地下水超采的严重性和不平衡性，建议适当减少蔬菜和果树种植面积。在地下水严重超采区，严禁扩大冬小麦、蔬菜和果树种植面积。

（三）大力加强旱作节水农业技术研发与应用

鉴于华北地下水压采的长期性，要深入研究与水资源相匹配的适水种植制度，研究与国家粮食安全相适应的农业生产力布局。要进一步加强抗旱、节水、稳产的作物优良品种培育和配套栽培技术研发，形成一批深受农民欢迎的旱作节水农业技术模式；要加强低成本节水灌溉技术与装备、农田集雨保墒工程技术的研发，以创新引领和支撑地下水超采区综合治理，助力农民增收和乡村振兴。

（四）加强地下水超采综合治理长效机制的研究

一是研究主要农产品区域协调问题。研究地下水超采区的冬小麦、玉米、蔬菜、水果产能调减的适宜程度，加强非超采区相关农产品的生产，确保主要农产品产能不降低。二是研究农业节水压采的补贴政策。华北地下水压采的代价是巨大的，要加强农业节水绿箱政策的制度创设，开展农业节水的生态效益核算，研究制订科学的农业节水替代方案和补贴标准。三是研究农业水资源利用的市场机制。研究农业水资源有偿使用的机制和政策，探索建立水资源使用取费制度、农业限水制度和累进水价制度等，加快实施农业水权和水价改革。

夏粮减产对国家粮食安全影响与政策建议

蒋和平　杨东群

粮食安全，关系国家长治久安，关系国计民生，一刻也不能放松。2017 年我国粮食生产再获丰收，成为历史上第二高产年。粮食库存高企，国内粮食市场总体供过于求。但事实上我国粮食安全的形势依然严峻，2018 年我国夏粮总播种面积 40 054 万亩，比 2017 年下降 0.6%；总产量 13 872 万吨，比 2017 年下降 2.2%；粮食单产 346.3 千克/亩，比 2017 年下降 1.6%，这是近 13 年来罕见的“三量齐降”现象。课题组连续 3 年在粮食主产区（河南、湖南、黑龙江、吉林等）针对粮食安全问题进行重点调研，认为“三量齐降”已开始预警粮食安全，应引起国家主管部门的高度重视。

一、不容忽视：粮食减产及成因

粮食生产在 2017 年达到历史上第二高产年后，2018 年夏粮明显减产。预计全年粮食总产量低于上年，减产 3%～5%。夏粮中小麦占 92%以上，截至 8 月 15 日，主产区小麦累计收购 4 105.9 万吨，同比 2017 年减少 6 139 万吨，其中河南减产 55.1%，安徽减产 45.9%。小麦主产区在收获时节大范围遭遇低温和连续阴雨天气，强降温造成小麦严重受冻面积在 100 万亩左右，受灾最严重的是河南省鹤壁市、安阳县、汤阴县等局部地区，减产幅度为 20%～30%。天气灾害导致小麦质量下滑，难以达到收购入库的质量标准。粮食减产虽然受天气因素的突发影响，但其背后是多种因

素叠加导致的必然结果。

（一）有效粮田面积与粮食播种面积的减少

首先是城镇化占地。据自然资源部发布的2017中国土地矿产海洋资源统计公报，2017年比2016年耕地面积减少32.04万亩。据2017年11月全国耕地保护工作会议的报告，近5年来，全国建设占用耕地1 560万亩，同期补充2 259万亩，但城镇化占用的大多是熟地和良田，而补充的土地短期内不能达到基本农田的标准。

其次是政策导向变化。2016年农业部公布“到2020年调减玉米面积5 000万亩以上”，调减的重点是“镰刀弯”地区。这些地区将少种玉米，而改种豆类、饲草、经济林果、青储玉米等适宜种植的植物。2017年已经有2 000多万亩农田由种粮食转为种饲料和经济作物。

再次是结构调整。为了提高经济效益，各地采取多种方式引导农民调整种植结构，如推广“粮改饲、粮改草、粮改经”，提倡耕地休闲与轮作等。农民通过改种经济作物，或者改变粮食种植方式，减少劳动投入并提高产出，使得粮食有效种植面积在降低。如南方大片农区种两季或三季粮食的，2018年多数农民改为一季种植。

最后是农民撂荒行为。调研发现，经济穷县和外出农民大县，都是粮田撂荒较多的地区。河南固始县有近7%的耕地撂荒，江西萍乡市农村有30%的耕地撂荒，海南省撂荒2年以上的耕地共8.14万亩，广西横县有近8%的耕地撂荒（表1）。

表1　中国主要粮食作物播种面积变化表（千公顷）

年份	玉米	稻谷	小麦	粮食作物播种面积
2015年	38 119	30 216	24 141	113 342
2016年	36 768	30 178	24 187	113 034
2017年	35 445	30 176	23 987	112 219
2015—2017年增减量	−2 674	−40	−154	−1 123

数据来源：国家粮食和物资储备局、国家粮油信息中心。

（二）种粮劳动力稀缺

2017 年 7 月，课题组在河南省的两个产粮大县（固始县、息县）调查发现，主要留在村里种粮的劳动力，50 岁以上的约占 70%，40 岁以下仅占 6%；女性占 63.7%，男性占 36.3%。农业劳动力稀缺凸显在两方面：一是春种、夏收和秋收三个大忙时期，种粮大户招工难；二是农业雇工的日工资逐年上升，3 年前雇短期工，每天需 50～100 元，现在要 100～200 元（农忙时节更高），农机手等技术工还要高些。

（三）种粮成本上升和利润降低

自 2011 年来，我国农业劳动力费用、农业生产资料价格和土地流转费用不断上升，单位面积种粮净收益不断下降。近 6 年三大谷物每亩净收益一路下滑。2016 年只有稻谷略有微利（每亩净收益 100～300 元），小麦和玉米都有不同程度的亏损。其中，玉米下降幅度最大，每亩净利润由 2011 年的 263.09 元逐年下跌为 2016 年的－299.70 元（表 2）。

表 2　我国平均每亩玉米成本利润率变化情况

项　目	2011 年	2012 年	2013 年	2014 年	2015 年	2016 年
产量（千克）	472.24	492.55	488.01	499.79	488.81	480.29
产值（元）	1 027.32	1 121.90	1 089.56	1 145.71	949.54	765.89
总成本（元）	764.32	924.32	1 052.04	1 063.89	1 083.72	1 065.59
净利润（元）	263.09	197.68	77.52	81.82	－134.18	－299.70
成本利润率（%）	34.43	21.39	7.66	7.69	－12.38	－28.13

资料来源：国家发展改革委价格司，《全国农产品成本收益资料汇编 2017》。

根据 2018 年河南小麦生产经营数据计算，按平均亩产 350 千克计算，种粮小户每亩净收益 100～150 元（未计粮农本人劳务费和耕地补贴款）；种粮大户每亩亏损 450～650 元（未计粮农本人劳务费和耕地补贴款）。

（四）基层农业技术力量薄弱

产粮县大多财政经费紧张，在产粮大省的调查发现，许多县都撤销了乡一级农业技术推广站，而整编为乡镇农业综合服务中心，只保留 1～2 名在编的农业技术员和 3～4 名合同工。这些人又常常被抽调去搞乡里工作，缺乏下乡进行技术服务的积极主动性。

二、未雨绸缪：粮食安全问题应高度重视和应对

（一）树立新的国家粮食生产安全观

新时代应当树立新的粮食生产安全观，内容主要包括：数量平衡安全、质量无害安全、效益递增安全、生态环境安全等四部分。粮食生产必须从追求高产和增产的“高产量”为重的导向，转变为调优结构、提高质量的“以粮食有效供给为重”的发展导向。粮食生产要追求社会效益、经济效益和生态效益的统一。

（二）保障粮食安全三大重点

1. 有效的粮食生产 今后的粮食生产应从 3 个方面加强有效供给：第一，注重提高质量，保障粮食的无害性，提高营养价值，推进粮食品牌建设。第二，注重优化品种结构和科学合理的生产模式。我国粮食品种结构应随着城乡居民粮食需求变化而调整，注重种地养地的合理轮作与种养结合。第三，要在粮食收获、运输、储存、加工、消费等环节坚决遏止浪费，减少无效损耗。

2. 有效的粮食进口 在全球化和市场化的背景下，要从宏观上把握我国的粮食供需平衡。根据国内粮食生产情况，利用粮食配额和关税与非关税措施，合理调控各种粮食的进口量。对于我国产能强、库存大的粮食品种，要少进口或不进口，避免出现“进口粮”把“国产粮”挤进仓库积压的情况。

3. 有效的粮食储备 继续执行粮食“去库存”政策，根据我国国情特点，并参照国际粮农组织的标准，制定我国粮食储备的科学界限。课题组认为：我国粮食储备量占消费总量的比例设定在25%为宜，其中，战略应急储备15%，商业调剂储备10%。根据我国目前的粮食消费量、粮食产能预测，我国未来5年的适宜粮食储备总量应为1.5亿吨左右（上限1.8亿吨，中值1.5亿吨，下限1.3亿吨）。中储粮等相关单位应继续压缩现有超高库存，提高库存效率，减少损耗，合理调整粮食储存方案。

（三）贯彻落实粮食提质保量增效的几项政策建议

一是严守粮田有效面积和粮食播种面积红线。粮田是保障我国粮食安全的根基。要实现粮食自给率95%的目标，落实习近平总书记提出的“让饭碗牢牢端在中国人自己手里”的指示，最起码需要有15亿亩有效粮田面积和17亿亩粮食播种面积，必须严守粮食安全的底线。

二是提高种粮补贴标准，有效增加粮农收益。建议废除耕地地力保护补贴，代之以种粮专项补贴，分品种施策。玉米每亩补150元，水稻和小麦每亩补250元，大豆每亩补300元。

三是继续加强高标准农田基本建设，提高粮食综合生产能力，增强自然风险抵御能力。建议各市（县）设立“高标准农田建设委员会”，书记或县（市）长“挂帅”，分管农口的副职具体负责，由农业局牵头、发改委、水利局等相关部门联合落实高标准农田建设任务。高标准农田建设项目经费，由市（县）统一安排部署，统一监督实施，统一建成验收。

四是适度提高基层农业技术人员的工资和福利待遇水平。建议在不改变现有工资级别标准的基础上，为到生产第一线指导工作的农业技术人员，设置技术服务补贴。

五是注重品质好产量高的粮食品种培育工作。要大力支持并鼓励育种专家培育适合本地生态条件的优质高产品种，打造有自主知

识产权的优良品种。

六是建议国家在黑龙江、吉林和内蒙古三省大豆种植多的市县和垦区设立“非转基因大豆原产地保护区”，在保护区内严禁种植转基因大豆，从而有效保护我国非转基因大豆的种质资源。

农产品供求调控的重点、思路、途径与政策建议

王小虎　周应华　刘　洋　潘扬彬
程广燕　周　琳　黄家章

一、农业供求调控要求、调控目标与重点农产品

（一）调控要求

面临城乡居民不断升级的消费需求和日益紧张的资源环境压力，对未来农业供求调控也提出新的更高要求：一是调控宗旨要由保障供给安全向兼顾市场安全、生态安全转变。在保障供给安全的基础上，使农产品保持合理价格，提高农业生产者收益，同时要转变农业生产方式，确保农业生态安全。二是调控层次要由单一数量向数量、结构、质量、营养与价格五位一体扩展。单一数量指标已很难满足新时期消费需求，必须统筹考虑数量、结构、质量、营养、价格，确保国内生产与居民需求有效对接，实现多层面上协调平衡。三是调控底线要由满足温饱向保障营养健康升级。目前城乡居民食物消费不仅要“吃得饱”，还要“吃得好、吃得营养”，新时期农产品供求调控底线必然要由以“粮食”为核心的温饱水平向“动植物产品”兼顾的营养健康水平升级。四是调控手段要由以单环节单部门为主向全链条多部门联动转变。农产品供求调控涉及生产、流通、贸易、消费、储备等多个环节，任何环节缺乏沟通与协调都可能使调控效果走样。必须建立全产业链多部门联动调控机制，通过调控政策工具创新，多环节、多部门共同发力确保调控目

标实现。

（二）调控目标

1. 确保居民基本营养需求 在农业资源相对短缺的情况下，农业生产的首要目标是满足居民基本营养需求，确保重要食用农产品基本自给，这也是落实“中国人的饭碗任何时候都要牢牢端在自己手上”的根本要求。依据《中国食物与营养发展纲要（2014—2020年）》，全国人均每日摄入能量2 200～2 300千卡*，其中谷类食物供能比不低于50%，脂肪供能比不高于30%；人均每日蛋白质摄入量78克，其中优质蛋白比例占45%以上。

2. 保障国内供给安全 统筹境内外两种资源、两个市场，全面保障居民食用消费、养殖业饲料、工业加工原料需求始终是农产品供求调控的重要任务。受国内产能和国际比较优势等因素所限，通过进口保障一些农产品供给将是常态化趋势，也是国际上普遍通行的做法。面临消费需求持续增加，未来农产品供求资源缺口将进一步拉大，必须有效利用国际市场，高度关注那些自给水平相对较低、进口风险较大的农产品，降低进口风险，保障国内供给安全。

3. 稳定农产品市场价格 市场价格是农产品供求是否平衡的风向标，也一直是我国农产品供求调控的重要内容。随着城乡居民收入水平的提高，食物支出已经下降到总支出的1/3左右，老百姓对食物价格上涨的耐受度也在提高。在稳定市场价格方面，必须以农业生产者利益优先为导向，在充分发挥市场作用的基础上，通过完善农产品价格和市场调控机制，促进农业生产者收入增长，充分调动农业生产者生产积极性。

（三）重点农产品

围绕上述三大调控目标，参考膳食营养供给水平、居民食物消

* 千卡为非法定计量单位，1千卡=4 184焦。

费偏好、国内资源保障水平、国际贸易风险程度、市场价格波动程度、人均农产品收益六大指标进行分析，分别对主要农产品膳食营养保障程度、进口风险程度、市场稳定影响程度进行评测，遴选出农业供求调控的重点农产品，并依据整体评测结果，将调控重点农产品划分为营养保障型、进口风险型、市场波动型3种类型。

1. 营养保障型农产品 依据膳食营养供给水平，按照100%保障热量需求原则，小麦、水稻、生猪三类农产品所提供的热量完全能够满足基本营养需求，同时满足83%蛋白质、约60%脂肪需求。从消费偏好分析，按照主副食、动植物产品合理搭配原则，水稻和小麦是居民常见主食，猪肉是消费量最大的动物性副食。综合14种常见食用农产品上述两个方面的分析，小麦、水稻、生猪是关乎居民基本营养安全、符合居民消费偏好的营养保障型农产品。

2. 进口风险型农产品 充分考虑大国效应，并结合国内专家意见，依据国内资源保障水平、国际贸易风险程度分析结果，将自给率低于70%且国内进口占全球贸易比重高的农产品视为进口风险型产品。从2015年17种农产品统计数据分析，大豆、油菜籽、橡胶自给率均低于70%，中国进口占全球贸易比重都在30%以上，这类农产品应属于进口风险型农产品。

3. 市场波动型农产品 从市场价格波动程度、人均农产品收益来看，蔬菜、水果、玉米、蛋类价格波动程度相对较大，月价格波动率均在3%以上。在这四类农产品中，由于蛋类产业规模相对较小、单位产品养殖收益不高，全国平均人均养殖收益不足23元，不到农产品总收益的1%；比较而言，蔬菜、水果、玉米人均收益均比较高，三者合计约占主要农产品总收益的70%以上。综合考虑价格波动程度和对生产者收入的影响，玉米、蔬菜、水果这三类农产品应属于市场波动型农产品。

二、农业供求调控思路与调控途径

（一）调控思路

确保实现紧平衡形势下农产品供求调控任务，必须以“确保基本、坚守底线、分类施策、突出重点”为调控方向，坚持“市场调节为主，政府调控为辅”“各方利益兼顾、生产者利益优先”调控原则，通过“一控”“二调”“三保”“四完善”，实现重点农产品供求战略平衡、市场平稳。

“一控”：在对外资源的利用上，必须严格控制进口风险，既要防止进口数量过大、进口来源过于集中造成的价格上涨、货源紧缺等进口风险，也要避免过量进口对国内生产以及相关产业发展造成的冲击。

“二调”：一是调产量，建立与需求、贸易、库存相挂钩的自给率目标体系，合理确定国内生产目标；二是调结构，确保国内生产从数量与结构上符合消费升级需求，提高国内农业供给效率与产品质量。

“三保”：一是保自给，对营养保障型农产品必须始终坚持基本自给，确保中国人饭碗装自己的粮；二是保底线，对进口风险型农产品必须坚守国内生产底线，力争自给水平不下降；三是保稳定，以市场波动型农产品为重点，通过完善农产品价格和市场调控机制，防止农产品市场价格大幅波动。

“四完善”：一是完善生产支持政策，支持方向由鼓励增产向提升质量、改善生态调整，支持方式由价格支持向收入支持转变；二是完善市场调控手段，通过市场机制调控农产品价格和农业生产；三是完善贸易调控措施，增加国外权益产能储备，分散进口来源，健全贸易救济和产业损害补偿机制；四是完善储备调控机制，发挥储备对稳定国内供给、平抑市场价格的保障作用。

（二）调控途径

1. 营养保障型农产品——保生产、调结构　对确保居民基本营养需求的水稻、小麦、猪肉产品必须优先利用国内有限资源确保基本自给，积极调整产品结构。一是加强国内生产支持与保护，始终保持这些产品自给率不低于95%；二是在国内生产上，着力提高优质产品比重，确保国内生产从数量、结构与品质上与需求相匹配；三是尽可能利用各种贸易措施，既满足少量调剂进口，更要进行强有力的监控，严防对国内生产造成明显冲击。

2. 进口风险型农产品——守底线、保供给　对进口风险较大的大豆、油菜籽、橡胶产品必须坚守国内生产底线，降低国际贸易风险。一是努力发展国内生产，稳定大豆、油菜籽、橡胶自给水平，确保食用大豆消费自给；二是科学研判这类农产品供需及进口形势，合理安排进口节奏与规模，增强话语权与定价权；三是加强对农业“走出去”的战略规划，提高我国对全球重要农产品的调配能力。

3. 市场波动型农产品——增优势、稳市场　对农业生产者增收贡献较大的玉米、蔬菜、水果，既要提升国内生产优势，又要防止价格大幅波动。第一，在生产方面，玉米作为重要的饲料原料，必须确保较高自给水平，严格执行进口配额管理，近期玉米及替代产品平均进口量约2 700万吨，建议自给水平不低于90%；针对蔬菜和水果两类优势产品，应在满足国内消费需求的基础上，提升产品质量，大幅提高绿色、有机、品牌产品比重，同时适度发展外向型生产，扩大出口，提高产业发展对农民增收的带动能力。第二，在价格方面，通过建立大中城市生产基地、完善储备体系和“菜篮子”省长负责制、创设价格保险等措施，尽可能降低玉米、蔬菜、水果价格波动幅度。

三、农业供求调控政策建议

（一）建立绿色高效优质生产制度与技术体系

一要建立耕地轮作休耕制度，在生态脆弱区开展休耕试点，构建长效补贴机制；二要发挥品种和科技在农业增产节本增效提质中的作用，优化要素投入结构，提高资源利用效率；三要大力开展绿色增产提质增效模式研究。四要引导建立农产品优质优价形成机制。

（二）以“两区”为重点确保国内生产稳定

一是加大“两区”中央财政奖励力度，把橡胶等重要农产品纳入生产大县奖励范围，确保增量资金全部用于“两区”生产扶持；二是高标准农田建设优先向“两区”集中，提高区内农业生产基础设施条件；三是构筑“两区”农户生产收入安全网，运用保险、补贴等手段确保区内生产收益维持合理水平。

（三）完善“价补分离”的农产品目标价格制度

一是总结玉米、大豆、棉花价格改革经验，逐步扩大产品范围，探索以确保收益为导向的小麦、稻谷目标价格政策；二是完善目标价格操作机制，在安排生产之前公布目标价格，提高补贴资金发放效率；三是根据不同农产品特点，选择好补贴与生产的挂钩方式。

（四）强化贸易调控措施降低农产品进口风险

一是针对大豆、油菜籽和橡胶等进口风险较大的农产品，积极推动与主要出口国签订政府层面的合作条约和协定，鼓励国内企业走出去，增加权益产能；二是建议适时启动贸易救济措施，在现有关税基础上对进口加征附加关税或对进口实行数量限制，保护国内相关产业发展和农户收益。

（五）构建多级分类农产品储备制度体系

一是国家负责小麦、水稻和生猪营养保障型农产品战略储备，用于调控全国供求、平抑市场价格波动，参考国际经验和我国国情，储备率可设定为 20%；二是地方政府根据当地消费结构和应急需求，进行粮油糖肉蛋菜等生活必需品应急性储备，储备量应不低于 7 天的消费需求；三是探索分类分级收储机制，分用途、分等级收储农产品，提高优质产品收购价格。

（六）建立跨部门全链条农产品供求调控体系

一是建立层级较高、以农业农村部门为办事机构的农业供求调控决策指挥管理机构，加强各部门、各环节沟通与协调；二是建立生产、消费、贸易、库存、价格及交易量、成本收益等多方面大数据采集、分级共享与发布机制，把准国内市场供求情况；三是加强对境外资源与市场的调研分析，重点跟踪研究主要进口来源国生产趋势变化，摸清未来农产品国际市场空间与潜力。

附　　录

附录1　中国农业科学院农业经济与政策顾问团简介

为有效利用中国农业科学院“国家农业政策分析与决策支持系统重点开放实验室”政策分析平台，指导研究人员及博士后深入实际，调查研究我国农业和农村经济发展中的政策热点、重点和难点问题，为国家制定农业政策和解决“三农”问题提供科学的决策服务，充分发挥专家顾问的高层指导作用，中国农业科学院依托“国家农业政策分析与决策支持系统重点开放实验室”政策专家顾问组和博士后指导团，于2005年成立了“中国农业科学院农业经济与政策顾问团”（以下简称“顾问团”）。截至2019年2月，顾问团成员共有13名。顾问团秘书处办公室设在中国农业科学院农业经济与发展研究所，负责顾问团日常事务安排与管理。

一、主要职能

1. 研究确定开放实验室年度研究主题和研究思路，对立题进行指导和审查，确保研究主题切合实际需要。

2. 对研究成果进行评估和把关，确保研究成果具有战略性、前瞻性和可行性。

3. 为开放实验室基础性、公益性研究工作提供指导，确保研究计划的针对性和指向性。

4. 指导拓展研究成果的转化和运用渠道，确保服务宏观决策的作用充分发挥。

5. 组织编制内部材料《判断与思考》，供国家有关部门和中央领导决策参考。

6. 指导博士后研究人员。

（1）为拟招聘入站的博士后研究人员，提出、确定研究选题。

（2）指导博士后年度招聘面试工作，评议确定年度初选博士后研究人员名单。

（3）指导新招聘博士后研究人员进行前期研究开题，对已招聘博士后研究人员的课题框架和工作内容，进行理论和实践指导。

（4）指导博士后研究人员开展调查研究工作，以及研究成果转化为政策建议。

（5）为博士后研究人员开展课题研究工作提供其他必要的支持。

二、运行管理

1. 顾问团每年开展活动，由秘书处根据需要事前提出议题建议，经与相关人员充分沟通后报请顾问团负责人审定。

2. 顾问团成员兼任博士后导师。

3. 顾问团的活动经费及博士后研究基金主要由农业经济与发展研究所自筹解决，并争取有关部门、单位、机构的支持与资助。

4. 秘书处负责《判断与思考》的具体事务以及顾问团活动的安排与组织管理。

三、研究成果

1. 面向我国农业与农村经济发展的重大理论和现实问题，开展农业农村经济与政策相关研究，既要体现国家农业政策的前瞻布局，又要代表国家农业与农村经济的发展方向，同时能够满足省、市地方农业农村经济发展的需要，为国家解决“三农”问题提供决策参考。

2. 研究成果归属于顾问团和中国农业科学院农业经济与发展研究所共同所有。

附录 2　中国农业科学院农业经济与政策顾问团成员

万宝瑞　国家食物与营养咨询委员会名誉主任、顾问团团长
翟虎渠　原中国农业科学院院长、顾问团副团长
尹成杰　中国农业经济学会会长
刘志澄　中国农业经济学会名誉会长
陈晓华　全国政协农业和农村委员会副主任、原农业部副部长
江泽林　吉林省政协主席
黄守宏　国务院研究室主任、党组书记
钱克明　全国政协常委、商务部副部长
马正其　国家市场监督管理总局党组成员、副局长
薛　亮　原中国农业科学院党组书记
郭庚茂　全国政协提案委员会副主任
杨庆才　原吉林省副省长
马晓河　原国家发展和改革委员会宏观经济研究院副院长

附录3　中国农业科学院农业经济与政策顾问团秘书处

秘书长：

李金祥　中国农业科学院副院长

副秘书长：

高士军　中国农业科学院办公室主任

袁龙江　中国农业科学院农业经济与发展研究所所长

王小虎　农业农村部食物与营养发展研究所所长

秦　富　中国农业科学院农业经济与发展研究所研究员

办公室主任：

孙东升　中国农业科学院农业经济与发展研究所副所长

王济民　中国农业科学院办公室副主任

图书在版编目（CIP）数据

2018 中国农业科学院农业经济与政策顾问团专家论文集 / 顾问团秘书处编 . —北京：中国农业出版社，2019.4

ISBN 978-7-109-25413-8

Ⅰ. ①2… Ⅱ. ①顾… Ⅲ. ①农业经济—中国—文集 ②农业政策—中国—文集 Ⅳ. ①F32-53

中国版本图书馆 CIP 数据核字（2019）第 063860 号

中国农业出版社出版

（北京市朝阳区麦子店街 18 号楼）

（邮政编码 100125）

责任编辑 杨桂华 廖 宁

中国农业出版社印刷厂印刷 新华书店北京发行所发行

2019 年 4 月第 1 版 2019 年 4 月北京第 1 次印刷

开本：700mm×1000mm 1/16 印张：9.5

字数：200 千字

定价：68.00 元